前 言

近两年来，我国盾构设备制造厂商捷报频传，特别是采用大量尖端技术生产的直径16m级国产品牌盾构设备已经在我国南北方和中部地区开展了应用，直径18m级的盾构工程也正在前期论证研究之中。以主轴承为代表的盾构机主要部件国产化取得巨大进步，盾构机整机和关键部件国产化率进一步提高。盾构机再制造技术不断提高、质量可靠，再制造盾构机和改造盾构机的应用越来越广泛，得到了行业的普遍认可。我国盾构施工企业的盾构机保有量已超过3000台，保有量进一步增加。

另外，我国盾构工程科技发展也正在进入世界先进行列，这是盾构工程全行业共同努力奋斗的结果，更是国家科技与经济等综合实力的体现。我国盾构科技和盾构设备制造能力的提高正在为盾构工程行业的健康发展保驾护航，并正在为我国从盾构大国发展为盾构强国保驾护航。

我国盾构产业的健康、快速发展离不开无数盾构机零部件制造上下游企业和盾构设备用户做出的重要贡献。为方便盾构机整机制造与再制造企业为用户更加高效地提供优质、丰富和安全的产品，促进盾构施工企业为社会生产更多的优质、安全、环保的隧道产品，北京盾构工程协会于2018年出版了《中国盾构工程产品企业名录》一书，书中按照6个大类51个小项编录了相关企业约500家，极大地促进了行业企业间的信息沟通与交流合作。为更好地服务盾构行业，促进盾构工程配套产品企业的发展壮大，北京盾构工程协会再版《中国盾构工程产品企业名录》，展示当前我国盾构行业整体面貌，介绍企业产品，促进信息沟通。本次再版删除了8家失联或退出本行业的企业，新增了40余家通过专家审核的新申请企业。

希望各企业能够以本书为平台，不满足于现状，制定更高的目标，开发更好的智能产品，服务更多优质的盾构工程，把盾构工程产品继续做优做强，让盾构工程产业更强大，发展更快速，使我国早日跨入盾构强国行列。

本书再版过程中得到了行业内各个企业的支持和帮助，在此表示衷心感谢。如有错漏和不足之处，请各位专家和读者不吝批评指正。

北京盾构工程协会
2020年10月

福往号盾构机再制造，用于福州地铁4号线施工（Φ6480mm）

>>> 公司简介

中铁科工集团轨道交通装备有限公司，隶属于中铁高新工业股份有限公司，自2010年成立以来致力于轨道交通装备研制，拥有多项自主知识产权的核心技术，其中“面向环境适用性的土压平衡盾构机再制造技术”获得湖北省科技进步奖三等奖，并于2019年成功中标工信部绿色制造系统解决方案供应商，现已形成了针对城市轨道交通建设的全套施工装备产业。

主要业绩：

★ 掘进机整机20台套

★ 盾构机关键部件近400台套

★ 盾构机再制造80台套

★ 8台可租赁盾构机，适用管片外径涵盖6000㎜、6200㎜、6400㎜。

自主研制的ZTKG6250复合土压平衡盾构机（Φ6280mm）

直径9.86m双护盾硬岩掘进机，应用于印度喜马拉雅山皮帕克提水电工程（Φ9860mm）

海瑞克S576盾构机再制造，用于武汉地铁施工（Φ6470mm）

中铁工业300号土压平衡盾构机再制造，用于合肥地铁施工（Φ6280mm）

华遂通H024盾构机再制造，用于武汉地铁27号线施工（Φ6470mm）

液压双轮铣槽机，用于建筑基础及地下连续墙施工，具有成槽施工效率高、成槽质量好、工艺简单、自动化程度高、安全环保、适应地层地质范围广等优点

公司自主研制的可用于隧道工程的地铁口门式起重机、铺轨门吊、液压双轮铣槽机、超级电容电机车及后配套、管片修复车、轮胎式隧道运输车等产品，具有智能、环保、安全、高效等多方面优势，现已有超过1200余台套设备应用于国内外多个隧道工程。

公司长期扎根于城市轨道交通装备领域，深耕细作，努力为行业提供优质产品和服务。期待与您合作！

45t地铁口门式起重机，广泛应用在武汉、合肥、长沙、杭州等各大城市城市轨道交通施工项目

45t超级电容电机车，具有能量携带少、免维护、充电速度快、使用寿命长、可实现远程监控等性能特点

轮胎式隧道运输车，适用于大直径隧道施工用物资运输，车辆具有双向驾驶功能，作业效率高，施工成本低

DTJG56型地铁隧道管片修复车，用于隧道内钢环片的吊装、运输、安装、定位、焊接，以及车辆牵引及物资搬运等

铺轨门吊，适应平地和管片内壁曲面行走，跨度自主调节，双动力系统满足地铁轨道吊运、铺设

MAIN PRODUCTS

主营产品

▼ 智慧盾构

米度MTG-T盾构导向系统基于精准测量盾构姿态的基础上，联合管片选型系统、盾尾间隙测量系统、渣土体积测量等系统为现场施工提供了科学的数据模型，实现了盾构施工信息自动化测量，是智慧盾构的关键技术基础。

智慧盾构系列产品

- 盾构导向自动测量系统
- 导线自动化测量系统
- 渣土体积自动测量系统
- 盾构自动巡航系统
- 管片选型系统
- 盾构导向自动测量系统

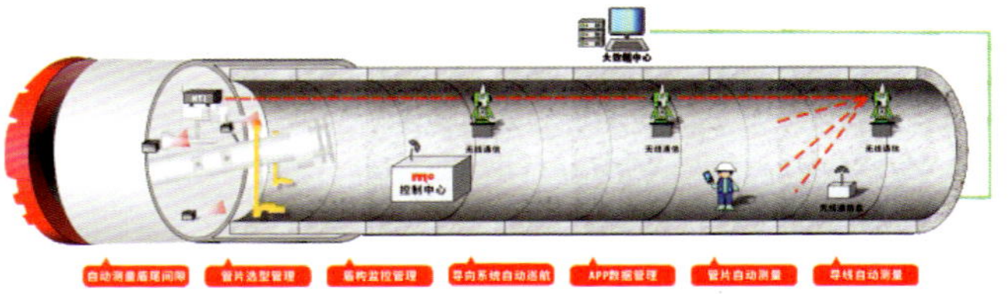

▼ 特种设备自动测量系统

为配套悬臂式掘进机研制的MMGS悬臂式掘进机导向系统可在强震动、潮湿、高粉尘的恶劣环境中自动测量掘进机姿态、可以有效控制超欠挖。米度MTG-L曲线顶管导向系统打破长距离顶管掘进导向这一行业难题，加快综合管廊行业的发展。

特种设备自动测量产品

- MMGS悬臂掘进机导向系统
- 建筑物自动化检测系统
- PAGS管环拼装定位系统
- 联络通道掘进机导向系统
- 曲线顶管导向系统
- 水平定向钻导向系统

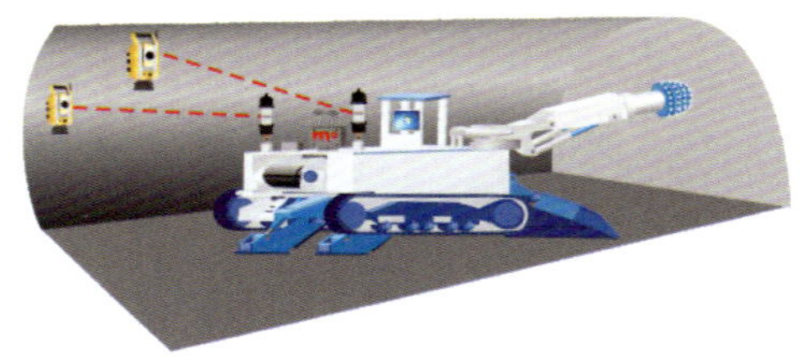

▼ 设备管理服务

面向全品类盾构导向系统，围绕导向系统全寿命周期提供专业化的总包服务。依托“导向云”大数据平台、国内各大区域建立设备仓储，为客户提供导向系统调配、系统运维、现场测量技术服务、维修与再制造、备品配件供应等专业服务。

确保项目导向系统提供的盾构机位姿信息准确无误

避免因导向系统性能状态或者部件缺失影响施工计划

备品备件科学合理，降低设备维护投运费用

▼ 托管流程

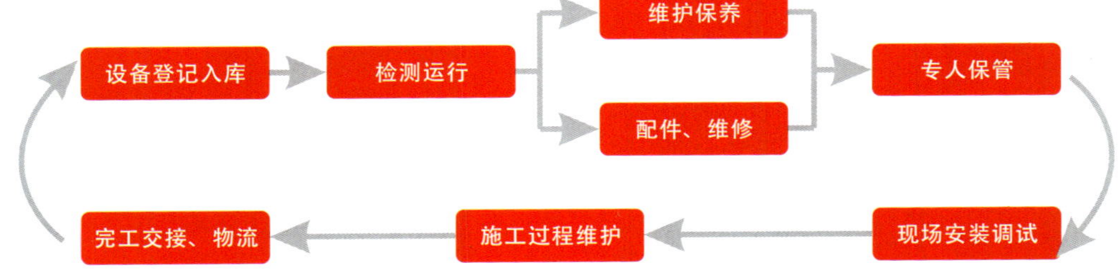

河南三超货物运输有限公司

河南三超

河南三超货物运输有限公司坐落于河南省郑州市惠济区内，公司成立于2009年10月，在2017年入选《中国盾构工程产品企业名录》。公司自成立以来， 业务蒸蒸日上。专业提供其中设备出租、大件吊装、盾构机下上井吊装、机械安装等服务，拥有一支具有丰富操作经验的吊装队伍，致力于研究和实施，大件物资的运输，普通货物的运输。

专业盾构机运输

公司拥有一支经验丰富的专业服务团队。在硬件上，拥有多部重型大马力牵引车、三轴线、五轴线、七轴线可任意拼接液压轴线板，备有适用多种形式货物运输的板车、挂车、炮车、框架车，以满足不同货物的运输要求。

因为专业

所以做的更好

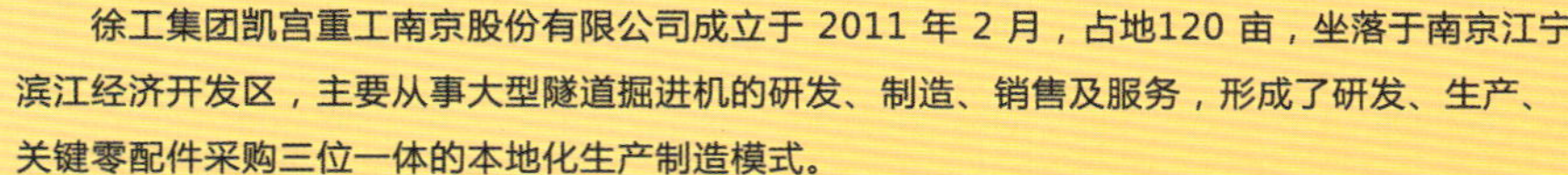

徐工集团凯宫重工南京股份有限公司成立于 2011 年 2 月，占地120 亩，坐落于南京江宁滨江经济开发区，主要从事大型隧道掘进机的研发、制造、销售及服务，形成了研发、生产、关键零配件采购三位一体的本地化生产制造模式。

徐工凯宫一直致力于打造国人信赖的盾构品牌，现已拥有授权专利67件，软件著作权6件。未来公司将加大研发和生产投入，努力将公司打造为中国隧道掘进高端装备制造的领军型企业。

担大任　行大道　成大器

① 凯宫重工生产车间俯瞰图

② 和⑦ 苏州轨道交通2号线工程项目掘进使用的盾构机产品

③ “凯宫一号”复合式土压平衡盾构机

④ 苏州地铁交通2号线施工现场

⑤ EPB-6390型复合式土压平衡盾构机工程现场

⑥ “凯宫一号”盾构机顺利出洞

⑧ 施工方在我公司参观选购盾构机

⑨ 南京轨道交通3号线TA06标段施工现场

徐工集团凯宫重工南京股份有限公司

南昌齿轮有限责任公司
盾构刀具分公司
Nanchang Gear Co.,Ltd
Shield Cutting Tool Branch

严谨、求实、团结、创新

南齿盾构刀具，隶属于中国江西江铃汽车集团，公司位于江西省南昌市江铃集团昌北基地内，毗临京九铁路、105 国道和南昌昌北国际机场。公司具有盾构刀具专业生产大型车间和生产线、装备了具有国际国内先进水平的大中型数控加工中心等设备、集专业技术人员近二十名，凭借着雄厚的科研能力和制造技术、以科技创新为动力不断开发适应多种地质条件的系列的盾构刀具、满足日益发展的国内外隧道施工工程的需要。

公司的刀圈产品径上海科学技术研究所查新、技术已达到国际先进水平、公司自主研发的刀圈材料已获得国家发明专利授权。公司“地铁、铁路、公路隧道掘进机系列盾构刀具国产化制造项目”分别被列入江西省重大科技创新项目南昌市科技重大项目、获得了国家专项资金的扶持。

公司与海瑞克、罗宾斯、维尔特、三菱、小松、中国中铁、中国铁建等世界各国知名隧道掘进机配套生产产品，主要产品覆盖了配套机型的所有系列刀具及相关刀盘配件。

公司本着“严谨、求实、团结、创新”的企业精神，为客户提供优良的盾构刀具。始终不渝为用户提供高品质的产品和服务。公司坚持“质量第一、诚信至上”的原则，愿以优质的产品、优惠的价格、优良的服务和海内外客户真诚合作，共创辉煌。

南昌齿轮有限责任公司
盾构刀具分公司
Nanchang Gear Co.,Ltd
Shield Cutting Tool Branch

电话：0791-83876118
传真：0791-83876688

网址：www.ncdgdj.com
地址：南昌市经济技术开发区

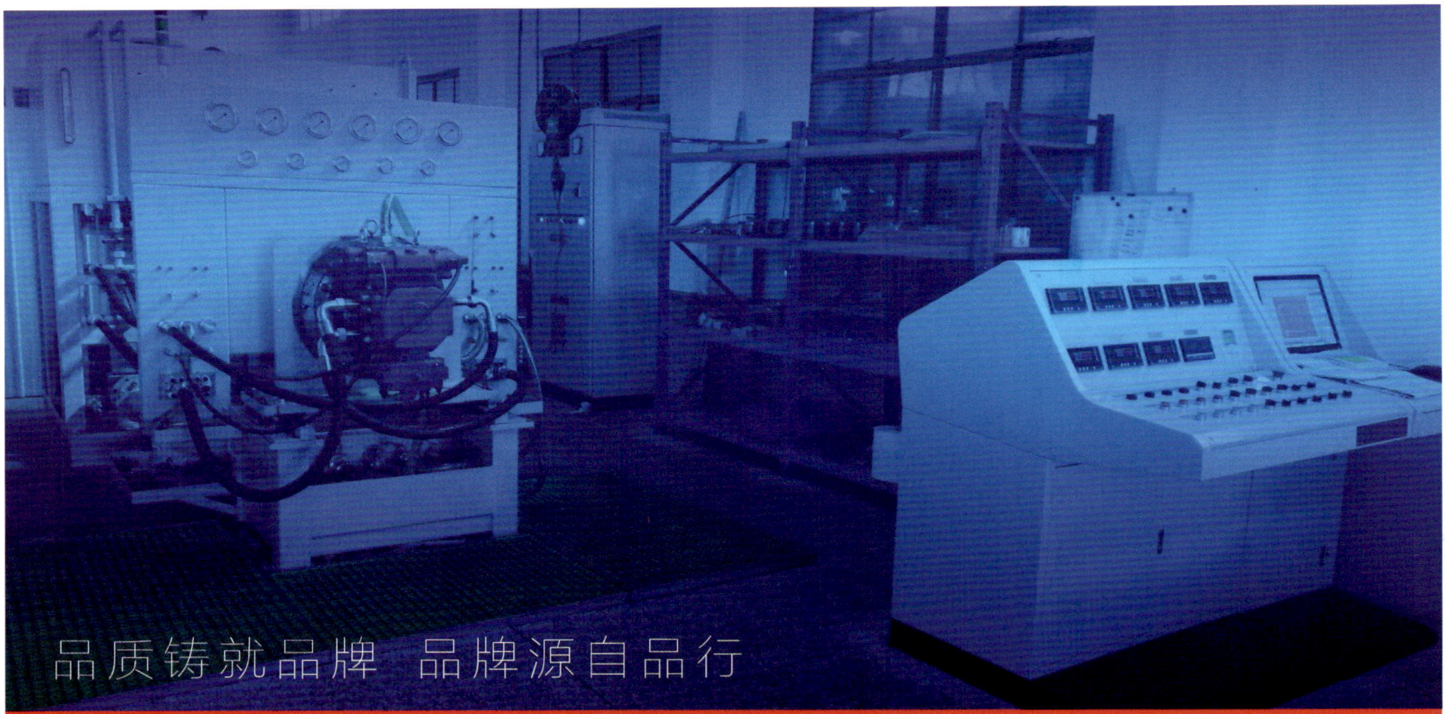

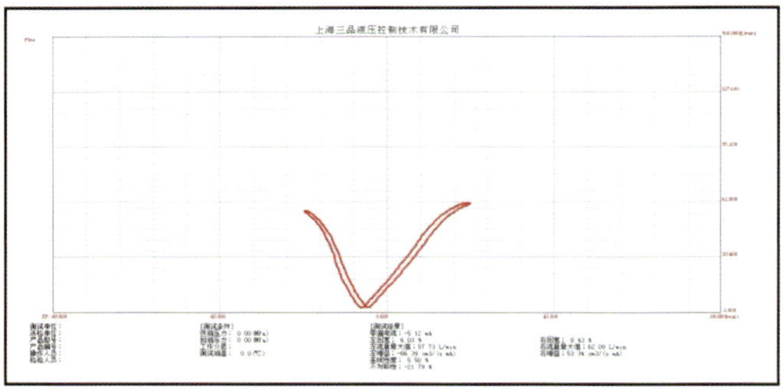

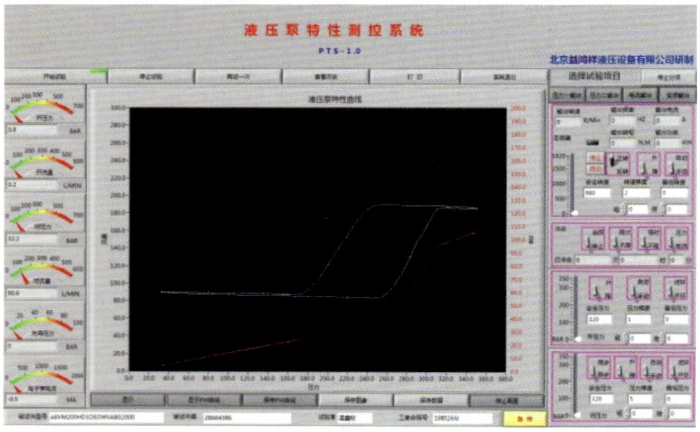

济南重工集团有限公司

Jinan Heavy Industries Group Co.,LTD.

用高新技术

追求卓越

用优质服务

赢得信誉

集团概况

济南重工集团有限公司现有职工1100余人，占地面积41万平方米，总资产20亿元。公司是山东省高新技术企业、山东省制造业信息化示范企业，是研发、制造脱硫剂制备成套装置的专业厂家，是省内一家全断面隧道掘进机技术及装备研发、制造企业。公司拥有国家认定企业技术中心、山东省环保脱硫装备工程技术研究中心、院士工作站和博士后科研工作站，公司也是全国矿山机械标准化技术委员会筒式磨机工作组承担单位。公司始终坚持“在朝阳领域做世界领先产品”的发展战略，主导产品涉及轨道交通建设装备、电力设备、环保设备、矿山设备、冶金设备、建材设备等领域。

近年来，结合济南市及周边地区的轨道交通建设规划和地貌地况特点，进行全断面隧道掘进技术及装备的研发、设计、制造等工作，研发的土压平衡盾构机很好的适应了济南市及周边地区复杂的地质条件，成功应用于轨道交通R1、R2、R3号线的地下隧道施工中，先后“零沉降”下穿新建联络线、京沪普铁、京台高速、京沪高铁等四处一级施工风险段，并已成功应用于福州、深圳、北京、杭州、广州等地轨道交通建设领域。公司将继续开展大规格泥水平衡盾构、硬岩TBM、地下管廊建设专用盾构、异型断面盾构等具有国内外先进水平的隧道掘进装备研发，积极推动我国轨道交通建设和地下空间开发利用等工作。

产品展示

地址：山东省济南市历城区机场路 12798 号

联系人：姚经理 0531-86139216/13583126195　　网址：www.jinanhi.com

自强 创新 优质 高效

盾构行业壳智汇工业物联网(IIOT)智能解决方案

提供模块化智能检测设备以及全新的物联网移动解决方案，为盾构液压系统和齿轮润滑系统提供智能化的润滑检测服务，解决由于设备庞大带来的维保和检修难题，实现实时预检预修、降低故障率和停工，并大大节省维保成本。

《盾构行业工业物联网(IIO T)液压系统模块化解决方案》

通过模块化油品监控系统解决系统压力高、零部件易磨损、
液压油清洁度下降、油品更换补加效率等难题

集成多功能传感器，方便施工安装

实时检测油品参数，及时发现异常

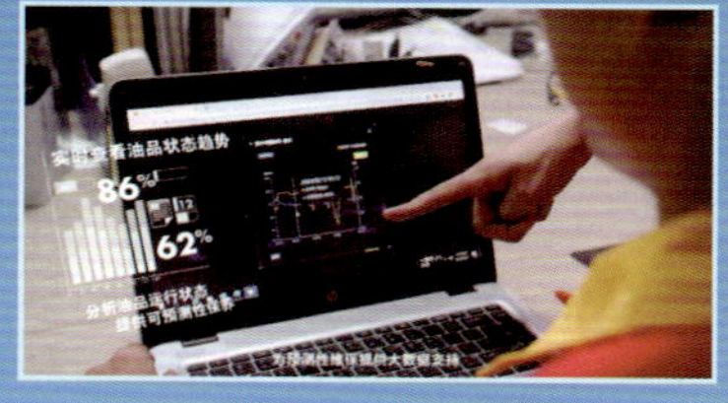

实时查看油品状态趋势，提供可预测性保养

《盾构行业工业物联网(IIOT)齿轮润滑系统定制化解决方案》

通过定制化设计监控齿轮传动润滑系统重点参数和定量分析设备磨损情况
解决齿面啮合部磨损、外来物污染和各种故障隐患等问题

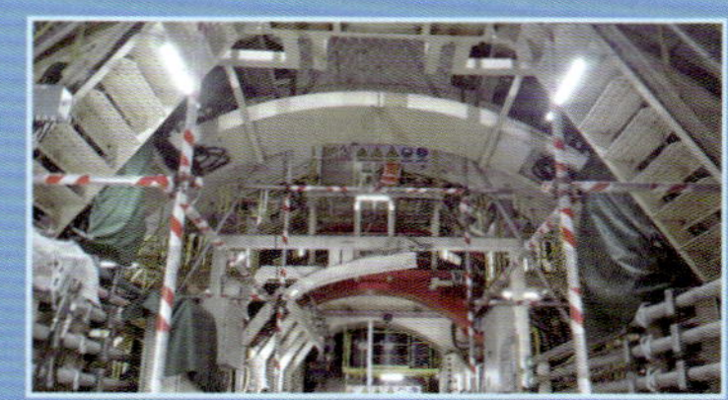

客户价值

排除液压系统/齿轮润滑系统油品异常因素
延长油品使用寿命1倍以上

减少设备停机故障70% 以上

防止异常磨损造成寿命缩短
核心设备寿命可延长50% 以上

壳牌工业润滑油
壳动工业潜能

Shell LubeMaster
壳智汇 智能润滑管家

扫码关注壳牌工业润滑油

河南省凯英蓝天能源科技有限公司

河南省凯英蓝天能源科技有限公司成立于2005年，位于河南省郑州市郑东自由贸易试验区，注册资金人民币2000万元，是一家专业从事工程配套、能源咨询、管理、服务的高新技术企业。公司秉承“节能、环保、诚信、共赢”的理念，致力于为客户提供优质的产品、服务及动力、节能解决方案，以提升节能效率、改善生产力和运营。

2011年国家发改委备案的节能服务公司，提供全套的工业技术解决方案和完善的节能改造服务。

产品涵盖压缩空气系统（空压机、过滤器、干燥机、储气罐、软启、集控）、中央空调系统（冷水机组和循环水系统）、流体系统（油脂泵、气动和电动隔膜泵、气动元件等）、吊装系统（气动葫芦、平衡吊等）、生产工具（气动工具、锂电工具等）、橡胶制品（泥浆软管、膨胀节）。

节能

环保

诚信

共赢

压缩空气系统

空压机、过滤器、干燥机、储气罐、软启、集控

中央空调系统

冷水机组和循环水系统

流体系统

油脂泵、气动和电动隔膜泵、气动元件等

吊装系统

气动葫芦、平衡吊等

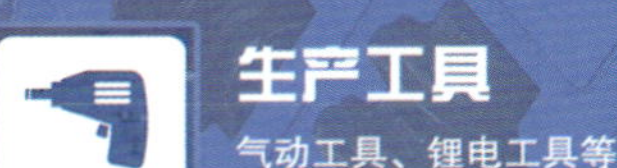

生产工具

气动工具、锂电工具等

橡胶制品

泥浆软管、膨胀节

地址：郑州市金水东路49号绿地原盛国际3号楼A座11层136

24小时服务热线：400-0371-375（销售）400-0371-376（服务）

电话：0371-65909922　18337139721

传真：0371-65907378

网址：WWW.KYLT666.COM

邮箱：KYLT666@126.COM

北京晋太机械设备有限公司

CONTENTS

目 录

广告索引

特殊版面

彩色内页

黑白内页

企业名录索引

中国盾构产业发展趋势分析

1. 盾构机应用领域发展趋势

盾构技术始于英国，发展于日本、德国，飞速跨越发展于中国。盾构的原理在1806年由英国人Marc Isambrd Brunel提出。1825年，他在伦敦泰晤士河下用高6.8m、宽11.4m的矩形盾构修建了第一条盾构法隧道，至今已有近200年的历史。盾构法以其安全、环保、快速、性价比高等特点已成为隧道施工的首选工法，目前国内广泛应用于城市轨道交通（简称城轨交通）、地下综合管廊、地下道路、地下停车场等城市地下空间建设，公路、铁路隧道工程建设，过江隧道、引水隧洞工程及军事防护工程建设等。

（1）城市轨道交通建设

《全国城市市政基础设施建设"十三五"规划纲要》中指出，促进居民出行高效便捷，充分发挥城市轨道交通在城市公共交通中的骨干作用，超大城市和特大城市应积极建设城市轨道网络，优先轨道交通功能层次；符合条件的大城市，应当结合城市发展和交通需求，因地制宜地建设城市轨道交通系统，构建覆盖主客流走廊的城市轨道交通骨架。500万人口以上特大、超大城市，加大轨道交通网络覆盖率，300万～500万人Ⅰ型大城市加快建设城市轨道交通骨干网络，100万～300万人Ⅱ型大城市积极推进轻轨等城市轨道交通系统建设，共新增城市轨道交通运营里程3000km以上。

据统计，截至2019年底，中国大陆共有40个城市开通轨道交通运营线路208条，运营线路总长度6736.2km。新增温州、济南、常州、徐州、呼和浩特5个城市，新增运营线路25条，新增运营线路长度974.8km。其中，地铁运营线路5180.6km，占比76.9%；其他制式城轨交通运营线路1555.6km，占比23.1%。2019年各城市城轨交通运营线路规模如图1所示。

截至2019年底，共有65个城市的城轨交通线网规划获批（含地方政府批复的21个城市），其中，城轨交通线网建设规划在实施的城市共计63个，在实施的建设规划线路总长7339.4km（不含已开通运营线路）。进入"十三五"以来，共有27个城市新一轮建设规划或规划调整获国家发改委批复，获批项目初步估算总投资额合计约25000亿元。"十三五"期间共完成建设投资19992.7亿元，年均完成建设投资额4998.2亿元；共新增运营线路长度3118.2km，年均新增运营线路长度779.6km。规划、建设、运营线路规模和投资额稳步增长，城轨交通持续保持快速发展趋势。

（2）城市地下综合管廊建设

城市地下综合管廊又称为共同沟，是指在城市地下用于集中敷设电力、通信、广播电视、给水、排水、热力、燃气等市政管线的公共隧道。经过一百多年的发展，其技术水平已经十分成熟，并成为了国外发达城市市政建设管理现代化的象征。我国正处于城镇化快速发展时期，城市地下基础设施建设滞后，常常造成反复开挖路面、架空线网密集、管线事故频发等问题。2015年前，我国已建成的地下管廊不足100km。2015年，国务院办公厅发布的《国务院办公厅关于推进城市地下综合管廊建设的指导意见》(国办发〔2015〕61 号)指出,从 2015 年起,城市新区、各类园区、成片开发区域的新建道路要根据功能需求,同步建设地下综合管廊;老城区要结合旧城更新、道路改造、河道治理、地下空间开发等,因地制宜、统筹安排地下综合管廊建设。同时,住房和城乡建设部要求,用 3 年左右时间,在全国 36 个大中城市全面启动地下综合管廊试点工程。

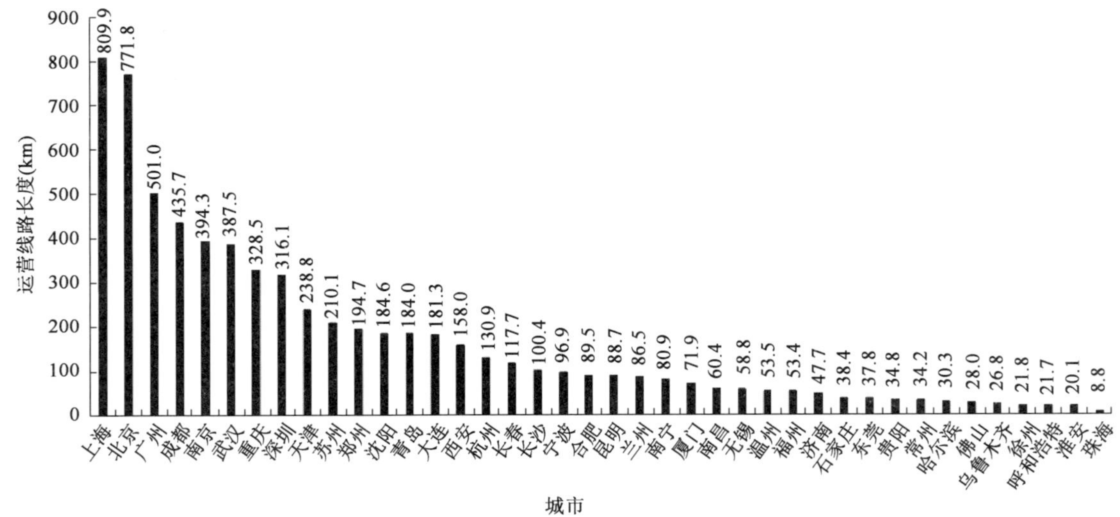

图 1　各城市城轨交通运营线路规模(截至 2019 年)

注:按地理区域划分,广佛线在佛山境内线路长度 21.5km 计入佛山市。

《全国城市市政基础设施建设“十三五”规划纲要》中也指出,有序开展综合管廊建设,合理布局综合管廊;“十三五”期间要结合道路建设与改造、新区建设、旧城更新、河道治理、轨道交通、地下空间开发等,建设干线、支线地下综合管廊 8000km 以上。

随着人力成本、地面开挖造成的环境保护成本的增加以及微型、异形盾构技术的日益成熟,越来越多的地下综合管廊建设会使用盾构,尤其在城市建设成型的老城区,不便对道路进行“开膛破肚”,将更多采用盾构法施工。

(3)公路铁路隧道、过江隧道、水利隧洞建设

2016 年,国家发改委、交通运输部联合印发的《交通基础设施重大工程建设三年行动计划》中指出,“十三五”时期是交通基础设施重大工程建设的重要阶段,2016—2018 年拟重点推进铁路、公路、城轨交通等交通基建领域共 303 个项目,涉及项目总投资约 4.7 万亿元。

铁路建设要结合中长期铁路网规划修编和铁路“十三五”发展规划编制,完善国家高速铁路网络,提升中西部铁路通达通畅水平,加快推进城市群城际铁路建设。2020 年 5 月,《关于新时代推进西部大开发形成新格局的指导意见》也提出,要加快川藏铁路、沿江高铁、渝昆高铁、西(宁)成(都)铁路等重大工程规划建设。今年国庆节前夕,国家发改委批复了“川藏铁路雅安至林芝段可行性研究报告”,项目估算总投资约 3198 亿元,20km 以上的隧道有 16 座,拟投入 18 台岩石隧道掘进机(TBM)施工。

公路建设以“三大战略”区域通道内高速公路为重点,实施国家高速公路网声誉路段建设和繁忙路段改扩建,推进普通国道体制提质升级和未贯通路段建设。重点推进 54 个项目前期工作,新建改扩建高速公路 6000km 以上,涉及投资约 5800 亿元。

我国东南地区水域网络复杂,近年来,为了提高城市交通的快速便捷、更好促进地方经济发展,不少地方政府都有新的过江隧道规划。如上海市规划再建设 9 条黄浦江越江隧道,杭州规划建设 7 条钱塘江过江隧道,江苏省计划到 2030 年全省建成 21 条城市内部过江通道,都以隧道形式为主。

水利建设预计未来几年仍将高位运行。近年来,国家对水利建设高度重视,中央和地方两级政

府在水利方面的投资不断加大。根据国务院、水利部统一部署,“十二五”末和“十三五”期间分步建设纳入规划的172项重大水利工程。陕西引汉济渭工程、安徽引江济淮工程、甘肃引洮供水二期工程、吉林省中部城市引松供水工程等一批重大项目陆续开工建设。

随着盾构技术的发展,过江隧道、引水隧洞的修建将变得越来越具有性价比。公路、铁路隧道随着TBM的进一步国产化,施工机械化程度将进一步提高。

(4)城市地下道路和地下空间建设

城市地下道路建设是发展地下交通、解决城市道路拥堵和噪声污染的方向和出路之一。巴黎、东京、新加坡、西雅图、波士顿等城市已经有了成功范例,东京地下高速公路的建设费用约为800亿日元,比地面高架公路节约20%~30%。如北京东六环改造工程中将有9.2km“入地”,将采用2台16m级目前国产最大直径盾构“京华号”和“长城号”施工;上海、南京、深圳、汕头、无锡等地都已经开始或者建成了若干地下道路。另外,地下停车场等城市地下空间建设、地铁区间联络通道施工、出入口过街通道施工等,都在积极探索、试验采用盾构机或顶管机施工,进一步拓宽盾构施工领域。

(5)“一带一路”及海外市政基础设施建设

2017年5月,第一届“一带一路”国际合作高峰论坛在北京隆重举行,与会嘉宾重点围绕设施联通等“五通”问题展开了热烈讨论。“一带一路”辐射东盟、南亚、西亚、中亚、北非和欧洲,涉及60多个国家和地区;丝绸之路经济带横跨亚欧大陆,将中亚地区、阿拉伯地区、欧洲和中国连接起来。在“一带一路”倡议中,铁路、公路、地铁等交通运输是优先发展领域,泛亚铁路、中亚高铁、欧亚高铁、中俄加美高铁等世界级高铁工程,中老铁路、中巴铁路,印度、印度尼西亚、马来西亚、新加坡等东南亚国家的地铁建设,纵贯南美大陆的安第斯山脉隧道,连接太平洋及大西洋的“两洋铁路”,穿越安第斯山的秘鲁“中央隧道”,连接中国和尼泊尔穿越喜马拉雅山的铁路等隧道的修建都离不开盾构机和TBM。

2.中国盾构机设计及制造技术发展趋势

我国盾构技术的开发与应用始于1953年,2009年以前,中国盾构市场一直被国外品牌垄断,大约有85%依赖进口。“十五”及“十一五”期间,国家将盾构工程列入“863”计划,中国盾构装备水平和中国盾构施工技术取得了显著进步,目前国产盾构机稳占国内市场份额的90%和2/3的国际市场。经历从无到有、从小到大、从弱到强快速发展,从山岭到城市,从路上到水下,从过江河到穿江越海,中国大直径盾构隧道不断取得新成绩、新突破,特别是水下盾构隧道设计、装备制造、安全建造等领域已达到世界领先水平。

1953年,东北阜新煤矿首次用手掘式盾构及混凝土预制块修建了直径2.6m的疏水巷道;1966年,上海隧道工程设计院设计、江南造船厂有限公司自行设计制造了国内第一台直径10.22m的网格挤压盾构,用于上海打浦路越江隧道(中国第一条越江隧道)施工,开启了中国盾构机从无到有的历史,实现了“造中国人自己的盾构机”的目标。

2002年底,国家“863”计划的盾构项目正式进入实施阶段;2004年10月,中国首台具有完全自主知识产权、直径6.34m的土压平衡盾构——“先行号”(图2),在上海地铁2号线西延伸段古北路站—中山公园站区间隧道始发掘进,结束了我国盾构长期被国外品牌垄断的历史。2005年7月,科技部又将泥水平衡盾构列入“863”计划,对“大直径泥水盾构的消化与吸收”课题进行立项研究。2008年4月,首台国家“863”计划自主研发的复合式盾构在中铁工程装备集团有限公司(以下简称“中铁装备”)成功下线,并应用于天津地铁3号线营口道站—和平路站区间,实现了从“造中国人自己的盾构机”到“造中国最好的盾构机”的跨越。

图 2　具有自主知识产权的“先行号”土压平衡盾构机

2009 年 9 月，具有自主知识产权的直径 11.22m 泥水平衡盾构“进越号”成功贯穿上海打浦路隧道复线工程，标志着我国进入了具备大直径泥水盾构自主设计、制造和施工技术的盾构大国行列。2011 年 11 月 25 日，承担连接江苏南京与浦口的南京纬三路过江隧道施工的当时国内最大直径 15.03m 的气垫式泥水平衡盾构机“天和一号”正式验收、交接。2016 年 9 月 30 日，中国铁建重工集团股份有限公司(以下简称“铁建重工”)制造的直径 12.81m 的国产首台铁路双线大直径泥水平衡盾构机成功下线，用于河南豫机城铁隧道施工。2017 年 10 月，用于汕头市苏埃海湾通道工程的我国自主设计制造的当时最大直径 15.03m 常压换刀泥水盾构“中铁 306”在中铁装备成功下线，这标志着中国在大直径、超大直径盾构机制造技术上取得了突破。2020 年国庆节前夕，开挖直径 16.07m 国产超大直径泥水平衡盾构机“京华号”和“长城号”相继在工厂顺利下线(图 3、图 4)。截至 2020 年 8 月，全球直径 14m 及以上的盾构隧道项目有 59 例(含在建项目)，其中国内有 42 例。目前，世界上最大直径(18.1m)的盾构工程沈海高速公路深圳机场至荷段改扩建工程正在筹建中。中国正致力于“制造世界上最好的盾构机”。

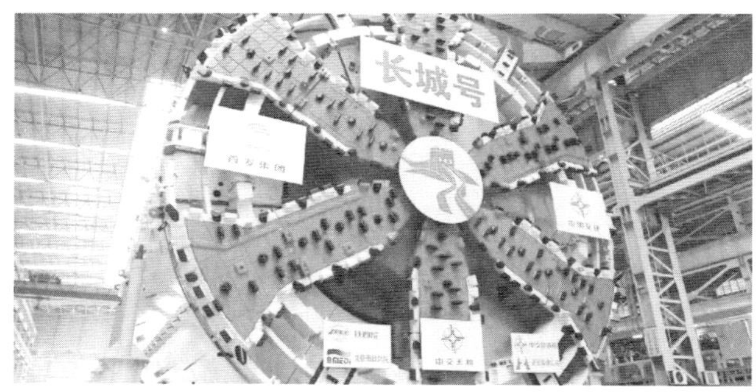

图 3　用于北京东六环改造工程的中交天和生产的“长城号”泥水平衡盾构机

图 4　用于北京东六环改造工程的铁建重工生产的“京华号”泥水平衡盾构机

国内盾构机制造企业主要有中铁工程装备集团有限公司、中国铁建重工集团股份有限公司、上海隧道工程股份有限公司(以下简称“上海隧道”)、中交天河机械设备制造有限公司(以下简称“中交天和”)、北方重工装备(沈阳)有限公司(以下简称“北方重工”)、辽宁三三工业有限公司(以下简称“三三工业”)、济南重工集团有限公司和中船重型装备有限公司等。其中,中铁装备于2013年11月成功收购德国维尔特公司的TBM业务,成为国际知名的隧道装备综合服务商;铁建重工成立于2007年,集团坚持只开发能够填补国内外空白的产品,且产品市场占有率和科技水平必须处于国内行业前三名的原则,2019年盾构机、TBM出厂台数达到171台;中交天和成立于2010年,2019年出厂台数达到101台;北方重工2007年并购了法国NFM公司,2016年又成功并购美国罗宾斯公司股权;三三工业2014年全资收购世界500强、国际工程机械第一品牌美国卡特彼勒公司的子公司——卡特彼勒加拿大隧道设备有限公司,成为全球隧道掘进机制造业领军企业之一。根据中国工程机械工业协会掘进机分会和中国煤炭工业协会统计,2019年我国全断面隧道掘进机出厂台数达610台。2020年9月29日,中国中铁股份有限公司(以下简称“中国中铁”)第1000台盾构机成功下线(图5)。

图5 中国中铁第1000台盾构机下线仪式

在“一带一路”倡议的引领下,目前我国盾构机、TBM出口形势良好,出口国家和地区进一步增加,除原来的新加坡、马来西亚、伊朗、印度、土耳其、沙特阿拉伯等亚洲国家外,还开始出口到俄罗斯、意大利、乌克兰、美国、巴西等欧美国家,国内掘进机产品质量稳定、产品性价比高的特点已逐渐被国外客户认可。预计今后一段时间,以东南亚、南亚、南美洲、非洲为主的掘进机市场潜力很大,进一步打入欧美等发达地区的可能性很大。

随着盾构机整机制造业的繁荣,国产盾构机零部件和配套设备企业的发展也是如火如荼,绝大部分盾构机零部件已经国产化。目前,盾构行业已加大力度,对一些目前还需要进口的极少数核心零部件进行国产化攻关研究,并且取得了较大进展,如盾构机主轴承的研发和应用。2019年1月14日,国内首台套直径11m级盾构机主轴承在洛阳下线,此主轴承由洛阳LYC轴承有限公司与中铁隧道局集团有限公司(以下简称“中铁隧道局”)联合研制,其直径达4.8m,质量约20t,能够满足大直径盾构机连续使用1万h的要求;2020年9月26日,我国首台国产3m级主轴承盾构机“中铁872号”在苏州轨道交通6号线中新大道东站始发。我们相信在国家深入推进供给侧结构性改革、加快制造强国建设的背景下,中国盾构产业将释放出巨大潜力,核心零部件的国产化突破指日可待。

3. 盾构机、核心零部件再制造发展趋势

为贯彻落实“中国制造2025”、《工业绿色发展规划(2016—2020年)》和《绿色制造工程实施指南(2016—2020年)》,加快发展高端智能再制造产业,进一步提升机电产品再制造技术管理水平和产业发展质量,推动形成绿色发展方式,实现绿色增长,2017年11月,工业和信息化部发布了《高端智能再制造行动计划(2018—2020年)》(以下简称《行动计划》)。《行动计划》的主要任务之一就是培育盾构机高值关键部件再制造配套企业,开展刀盘、主驱动变速箱、中心回转装置、减速机、

高端液压件、螺旋输送机等关键部件再制造,形成基本完整的盾构机再制造产业链;同时探索基于电子商务的再制造产品营销新模式,逐步建立盾构机等再制造产品市场推广新机制。2017—2018年,铁建重工申报的"盾构机绿色再制造关键工艺突破与集成示范"和秦皇岛天业通联重工股份有限公司申报的"京津冀轨道交通建设装备盾构绿色供应链系统构建及示范应用"先后获得工业和信息化部绿色制造系统集成项目支持。

2011 年,国家发改委办公厅发布的《关于深化再制造试点工作的通知》提出,为把"再制造产业化"作为循环经济的重点工程之一,将深化再制造试点工作,扩大再制造产品的种类和范围。2009年,从事轴承制造与再制造的洛阳 LYC 轴承有限公司被列入工信部机电产品第一批再制造试点单位。2016 年,中铁装备、铁建重工和中铁隧道局三家盾构机制造和施工单位以及安徽博一流体传动股份有限公司、蚌埠市行星工程机械有限公司等盾构机关键配套件企业被列入工信部机电产品第二批再制造试点单位。2017—2018 年,中铁装备、秦皇岛天业通联重工股份有限公司、中铁隧道局的再制造盾构机经过现场审核、产品检验与综合技术评定、专家论证等程序,符合《再制造产品认定管理暂行办法》及《再制造产品认定实施指南》的要求,分别被列入第六批和第七批《再制造产品目录》。经认证的再制造盾构机包括土压平衡盾构机、泥水平衡盾构机和 TBM,直径范围为 4 ~ 12m。

盾构机作为地下工程施工的一种高端智能装备,具有极高的再制造价值,也会带动我国相关产业的健康发展。盾构机再制造是一种高科技含量、产业化的修复技术,可将产品寿命周期从制造、使用和报废三个阶段,延伸为制造、使用、再制造、再使用、再报废等多个阶段,最终以最低的成本、最少的能源消耗完成产品的全寿命周期,实现行业循环经济。国内外实践表明,再制造产品的性能和质量均能达到甚至超过原品,而成本只有新品的 50% 左右,可实现节能 60% 、节材 70% 、污染物排放量降低 80% ,经济效益、社会效益和生态效益显著。

2013 年,北京盾构工程协会和北京建工土木工程有限公司在北京成立了第一家盾构机再制造和维保基地,成功完成一台海瑞克 S254 盾构机的再制造,并于 2016 年 3 月 24 日在北京地铁 16 号线 2 标段顺利出洞;2017 年 8 月 4 日,第二台再制造盾构机"中建二号"在长春地铁 2 号线 BT08 标段完成了 974m 的掘进任务后安全顺利洞通。2016 年 11 月 26 日,我国首台使用国产主轴承的再制造盾构机在合肥成功下线;从 2013 年起,蚌埠市行星工程机械有限公司结合成都地铁 6 台进口盾构机主驱动减速机连续损坏问题,通过加大技术研发和工艺改进,实现了盾构机主驱动减速机、螺旋输送机减速机和各种液压油缸的再制造,推动了盾构机核心零部件再制造和国产化。同时,北京奥宇可鑫表面工程技术有限公司在盾构机零部件再制造方面、上海振华重工(集团)股份有限公司在减速机国产化方面、江苏恒立液压股份有限公司在液压油缸国产化方面、优泰科(苏州)密封技术有限公司在盾构密封产品国产化方面都处于国内领先水平。

4. 盾构技术发展展望

目前,通过持续的技术创新和发展,我国已全面掌握盾构机的核心制造技术,我国盾构工程设计与施工技术处于世界领先地位。随着盾构技术的飞速发展,新技术、新专利、新工法、新工艺成果不断涌现,如双模式或三模式盾构机、整体式滚刀、滚刀工作状态无线检测和传输、冷冻式刀盘、主驱动高承压系统、伸缩摆动式主驱动、大直径盾构机常压换刀、钢套筒盾构始发和接收、衡盾泥开挖面稳定技术、复合地层盾构施工隐蔽岩体环保爆破等,使得国内盾构施工技术异彩纷呈。在商业模式上,国产品牌进一步加强盾构机金融、租赁、技术培训和售后服务等方面的创新,未来国产盾构机将迎来更大的发展机遇。当然,有的项目因没有查清地质条件、盾构选型不合理、施工措施不当等也付出了巨大的代价。

展望未来,我国盾构技术将朝着更大的直径、更高的水压、更大的埋深、更长的掘进距离、更高的地质适应性和更安全、更环保、更智能化方向发展。一是要改进和创新勘察方法并研发机内快速超前地质预报技术，以准确探明各类地质风险；二是要根据准确地质信息和经验，结合工程大数据，做好盾构机选型工作，配足其风险控制功能；三是盾构设备的数字化、智能化，减少用人甚至无人操作；四是探索新型的破岩方式，如使用激光、高压水射流等方法辅助破岩；五是全面、准确掌握刀盘刀具磨损情况，由变周期检测、被动发现变为实时检测、主动发现，即第一时间找到"零号病人"最为关键。

从国内外盾构产业发展趋势来看，超大直径复合式盾构应用前景广阔。在国内，我们期待使用超大直径盾构穿越中国的渤海、琼州海峡。国际上，拟建中的白令海峡隧道工程正在研究选用直径19.2m盾构机施工103km隧道的可行性，一旦确定，在超大直径和超长距离盾构技术领域将成为世界隧道工程史上新的挑战。

参考文献

[1] 中国城市轨道交通2019年度数据统计[J]. 隧道建设，2020，40(5)：762-768.

[2] 宋振华. 中国掘进机行业2019年度数据统计[J]. 隧道建设，2020，40(7)：1098-1099.

[3] 周新远，李恩重，张伟，等. 我国盾构机再制造产业现状及发展对策研究[J]. 现代制造工程，2019(8)：157-160，147.

[4] 陈馈. 中国盾构[M]. 南京：译林出版社，2017.

[5] 吴煊鹏，乐贵平，江玉生. 中国盾构工程科技新进展[M]. 北京：人民交通出版社股份有限公司，2019.

一、盾构、TBM 及顶管机整机制造企业

◆中铁工程装备集团有限公司

地　　址:河南省郑州市经济开发区第六大街99号
电　　话:0371-60608666
传　　真:0371-60608800
网　　址:www.crectbm.com
主营业务:盾构机、TBM、顶管机

◆中国铁建重工集团股份有限公司

地　　址:湖南长沙经济技术开发区东七路88号
电　　话:400-8956789
传　　真:0731-84071800
网　　址:www.crchi.com
主营业务:盾构机、TBM、顶管机

◆海瑞克股份公司

地　　址:北京市朝阳区永安东里16号CDB国际大厦601A
电　　话:010-65675088
传　　真:010-65676769
网　　址:www.herrenknecht.com
主营业务:盾构机、TBM、顶管机

◆中交天和机械设备制造有限公司

地　　址:江苏省常熟市高新技术园义虞路123号
电　　话:0512-52035288
传　　真:0512-52035299
网　　址:www.cccth.com
主营业务:盾构机

◆北方重工集团有限公司

地　　址:沈阳经济技术开发区开发大路16号
电　　话:024-25802581
传　　真:024-25851610
网　　址:www.china-sz.com
主营业务:盾构机、TBM、顶管机

◆上海隧道工程股份有限公司

地　　址:上海市宛平南路1099号
电　　话:021-58301000
传　　真:021-58307000
网　　址:www.stec.net
主营业务:盾构机

◆辽宁三三工业有限公司

地　　址:辽宁辽阳向阳工业园区鞍阳街33号
电　　话:0419-7182999
传　　真:0419-7183999
网　　址:www.lnsstbm.com
主营业务:盾构机

◆中船重型装备有限公司

地　　址:广州市南沙区大岗镇中船大岗基地
电　　话:010-39198168
传　　真:010-39198168
网　　址:www.cssche.com.cn
主营业务:盾构机

◆济南重工集团有限公司

地　　址:济南市东郊机场路
电　　话:0531-86139276
传　　真:0531-88288246
网　　址:www. jizg. com
主营业务:盾构机

◆中船重工(青岛)轨道交通装备有限公司

地　　址:青岛高新技术产业开发区春阳路以北规划东22号线以东
电　　话:0532-58828353
传　　真:0532-58828360
网　　址:www. csic-tbm. com. cn
主营业务:盾构机

◆中铁山河工程装备股份有限公司

地　　址:长沙经济技术开发区星沙产业基地长界北路以东、凉塘东路以北
电　　话:0731-84066228
网　　址:www. sunward. com. cn
主营业务:盾构机

◆徐工集团凯宫重工南京有限公司

地　　址:南京市江宁区滨江开发区广济路189号
电　　话:025-84913673
传　　真:025-84913673
网　　址:www. kgheavy. com
主营业务:盾构机、顶管机

◆中建隧道装备制造有限公司

地　　址:江苏省南京市经济技术开发区润阳路6号
电　　话:025-85595158
网　　址:www. cscec. com. cn
主营业务:盾构机

◆中国一重集团天津重工有限公司

地　　址:天津市东丽区无暇街滨海重机园重工路1号
电　　话:022-24828557
传　　真:022-24828555
网　　址:www. cfhi. com
主营业务:盾构机

◆上海力行工程技术发展有限公司

地　　址:上海浦东新金桥路1088号联创国际大厦A栋5楼508室
电　　话:021-61639990
传　　真:021-61639965
网　　址:www. shlxce. com
主营业务:盾构机

◆广东华隧建设集团股份有限公司

地　　址:广东省广州市花都区新华街迎宾大道95号交通局大楼13楼1308室
电　　话:020-85160981
传　　真:020-85272530
网　　址:www. ctc-cngd. com
主营业务:盾构机

◆扬州广鑫重型设备有限公司

地　　址：江苏省扬州市江都区黄海路 6 号
电　　话：0514-87856399
传　　真：0514-87891788
网　　址：www. dingguan. cn
主营业务：顶管机

◆徐州工程机械集团有限公司

地　　址：江苏省徐州市经济开发区驮蓝山路 26 号
电　　话：0516-87565106
传　　真：0516-87739999
网　　址：www. xcmg. com
主营业务：悬臂挖掘机

◆山东优拓工程装备有限公司

地　　址：聊城市经济技术开发区武夷山路 6 号
电　　话：0635-2936566
传　　真：010-51299297
网　　址：www. youtuo. net
主营业务：顶管机

◆安徽唐兴机械装备有限公司

地　　址：安徽省淮南市上窑工业集聚区
电　　话：0554-2796608
网　　址：www. tangxing. cn
主营业务：顶管机

◆江苏宣宣重工机械有限公司

地　　址：常州市钟楼区邹区镇安基工业区
电　　话：0519-89198369
传　　真：0519-83631074
网　　址：www. jsxxzg. com
主营业务：顶管机

二、盾构整机与部件再制造企业

◆中铁工程装备集团(天津)有限公司

地　　址:天津自贸试验区(东疆保税港区)西藏路 369 号
电　　话:022-25606900
传　　真:022-25606900
网　　址:www. crectbmrm. com
主营业务:国内外盾构维修及整机再制造

◆中国铁建重工集团股份有限公司

地　　址:湖南长沙经济技术开发区东七路 88 号
电　　话:400-8956789
传　　真:0731-84071800
网　　址:www. crchi. com
主营业务:盾构整机再制造

◆中交天和机械设备制造有限公司

地　　址:江苏省常熟市高新技术园义虞路 123 号
电　　话:0512-52035288
传　　真:0512-52035299
网　　址:www. cccth. com
主营业务:盾构整机再制造

◆北方重工集团有限公司

地　　址:沈阳经济技术开发区开发大路 16 号
电　　话:024-25802581
传　　真:024-25851610
网　　址:www. china-sz. com
主营业务:盾构整机再制造

◆小松(中国)投资有限公司

地　　址:上海市浦东新区金科路 2889 弄 6 号长泰广场办公楼 E 座 2 层
电　　话:021-68414567
传　　真:021-68410250,68410251
网　　址:www. komatsu. com. cn
独家代理:上海成基机械工程集团有限公司
地　　址:上海市浦东新区川沙路 3107 号
电　　话:021-58581818
主营业务:零配(部)件、技术服务、维修评估、翻新再制造等盾构后市场业务

◆中铁科工集团轨道交通装备公司

地　　址:湖北省武汉市江夏区庙山经济开发区幸福工业园内
电　　话:027-81990321
传　　真:027-81990330
网　　址:www. crrte. cn
主营业务:盾构整机再制造

◆辽宁三三工业有限公司

地　　址:辽宁辽阳向阳工业园区鞍阳街 33 号
电　　话:0419-7182999
传　　真:0419-7183999
网　　址:www. lnsstbm. com
主营业务:盾构整机再制造

◆徐工集团凯宫重工南京有限公司

地　　址:江苏省南京市江宁区滨江开发区广济路 189 号
电　　话:025-84913673
传　　真:025-84913673
网　　址:www. kgheavy. com
主营业务:盾构整机再制造

◆中铁隧道局集团有限公司设备分公司

地　　址:广州市南沙区南沙街广意路 23 号 2 栋第一、二层
电　　话:0379-62633192
传　　真:0379-62633024
网　　址:www. ctg-zysb. com
主营业务:盾构机整机与部件再制造

◆京津冀再制造产业技术研究院

地　　址:河北省沧州市河间市河间经济技术开发区
电　　话:0317-5580882
传　　真:0317-5580882
网　　址:www. irit-jjj. com
联 系 人:汪勇
主营业务:盾构机维保、再制造

◆秦皇岛天工重工有限公司

地　　址:秦皇岛市经济技术开发区黑龙江西道 18 号
电　　话:0335-5302117
网　　址:www. tolian-tech. com
主营业务:盾构机再制造

◆北京中间时代工程技术有限公司

地　　址:北京市海淀区羊坊店路 21 号瑞海大厦 14 楼
电　　话:18008434166
主营业务:中间时代盾构 4S 基地联盟运营

◆中铁工程服务有限公司

地　　址:成都市金牛区金凤凰大道 666 号中铁产业园
电　　话:028-83587116
网　　址:www. cresc. cn
主营业务:盾构机维保、再制造

◆浙江德泰机电工程有限公司

地　　址:浙江省桐乡市高桥镇工业区高桥大道 1999 号
电　　话:0573-88968571
传　　真:0573-88966599
主营业务:液压系统维修

◆北京奥宇可鑫表面工程技术有限公司

地　　址:北京市怀柔区金台园甲 1 号
电　　话:010-69654493
传　　真:010-69686198
网　　址:www. aoyuksin. com
主营业务:盾构机零部件再制造与修复

◆武汉重型机床集团有限公司

地　　址:武汉市东湖新技术开发区佛祖岭一路 3 号
电　　话:027-67810000
传　　真:027-87826425
网　　址:www. whhdmt. com
主营业务:盾构机维修

◆山西泰诺博锐隧道设备有限公司

地　　址:山西省运城市永济市黄河大道 17 号
电　　话:18635965611
网　　址:www. sxtnbr. com
主营业务:盾构机组装、维修、改造

◆南京雷贝科技有限公司

地　　址:江苏省南京市江宁经济开发区清水亭西路 2-20 号
电　　话:025-86169119
传　　真:010-80115555-714343
主营业务:进口减速机维修维保再制造

◆蚌埠市行星工程机械有限公司

地　　址:安徽省蚌埠市中粮大道 1206 号
电　　话:0552-4950555、18900520808
传　　真:0552-4950900
网　　址:www. bbxxgcjx. com
主营业务:减速机维修维保再制造

◆湖北行星传动设备有限公司

地　　址:湖北省黄冈市黄州区青砖湖路 278 号
电　　话:0713-8828777/8881678
传　　真:0713-8881688
网　　址:www. cngearboxes. com
主营业务:减速机维修维保再制造

◆博世力士乐中国

地　　址:上海市长宁区福泉北路 333 号
电　　话:400-8807030
网　　址:www. boschrexroth. com. cn/zh/cn
主营业务:液压元件维修及再制造

◆洛阳轴研科技股份有限公司

地　　址:中国郑州荥阳市新材料产业园区科学大道 121 号
电　　话:0371-86617052
传　　真:0371-86615352
网　　址:www. sinomach-pi. cn
主营业务:修复盾构机轴承

◆洛阳特重轴承有限公司

地　　址:河南省洛阳市高新区东马沟工业园
电　　话:0379-60109100
传　　真:0379-60212758
网　　址:www. ltzzc. com
主营业务:修复盾构机轴承

◆洛阳 LYC 轴承有限公司

地　　址:河南省洛阳市建设路 96 号
电　　话:400-6379000
网　　址:www. lyc. cn
主营业务:修复盾构机轴承

◆洛阳新强联回转支承股份有限公司

地　　址:河南省洛阳市新安县洛新工业园区九州路1号
电　　话:0379-67307618
传　　真:0379-67307619 65190183
主营业务:修复盾构机轴承

◆上海三品液压控制技术有限公司

地　　址:上海闵行区都会路99号
电　　话:021-61504993
传　　真:021-51862397
主营业务:液压维修保养再制造

◆安徽博一流体传动股份有限公司

地　　址:安徽省合肥市蜀山新产业园区仰桥路1号
电　　话:0551-65370370
传　　真:0551-65318838
网　　址:www. byltcd. com
主营业务:液压元件再制造

三、盾构核心部件制造企业

1. 主轴承、拼装机轴承及其他相关轴承

◆德国罗特艾德

地　　址：thyssenkrupp Allee 1 45143 Essen
电　　话：+49 201 844 0
传　　真：+49 201 844 536000
网　　址：www. thyssenkrupp. com/en
主营业务：盾构机主轴承

◆斯凯孚（中国）有限公司

地　　址：上海市黄浦区半淞园路 377 号
电　　话：021-53068866
传　　真：021-63617855
网　　址：www. skf. com. cn
主营业务：盾构机主轴承

◆铁姆肯（中国）投资有限公司

地　　址：上海市虹桥路 1 号港汇中心办公楼一座 27 层
电　　话：400-8846536
网　　址：www. timken. com
主营业务：其他相关轴承

◆舍弗勒投资（中国）有限公司

地　　址：上海嘉定区安亭镇安拓路 1 号
电　　话：021-39576666
传　　真：021-39576600
网　　址：www. schaeffler. cn
主营业务：其他相关轴承

◆洛阳轴研科技股份有限公司

地　　址：中国郑州荥阳市新材料产业园区科学大道 121 号
电　　话：0371-86617052
传　　真：0371-86615352
网　　址：www. sinomach-pi. cn
主营业务：盾构机主轴承

◆上海九恩动力技术有限公司（韩国 IL-JIN 轴承代理商）

地　　址：上海市闵行区老沪闵路 1317 号 1 号门 A-3
电　　话：021-64962118/7
传　　真：021-64962116
网　　址：www. john. net. cn
主营业务：代理韩国 ILJIN 轴承

◆洛阳世必爱特种轴承有限公司

地　　址：河南省洛阳市西工区河南洛阳工业园区纬四路
电　　话：0379-64122001
传　　真：0379-64122006
网　　址：www. sbi. com. cn
主营业务：拼装机轴承及其他相关轴承

◆洛阳新强联回转支承股份有限公司

地　　址：河南省洛阳市新安县洛新工业园区九州路 1 号
电　　话：0379-67307618
传　　真：0379-67307619，65190183
主营业务：盾构机主轴承

◆洛阳特重轴承有限公司

地　　址:河南省洛阳市高新区东马沟工业园
电　　话:0379-60109100
传　　真:0379-60212758
网　　址:www. ltzzc. com
主营业务:盾构机主轴承

◆洛阳 LYC 轴承有限公司

地　　址:河南省洛阳市建设路 96 号
电　　话:400-6379000
主营业务:拼装机轴承

2. 减速机

◆卓轮(天津)机械有限公司

地　　址:天津开发区第十一大街 79 号
电　　话:022-66231860
传　　真:022-66231860-1104
网　　址:www. zollern. com
主营业务:减速机

◆意大利戴纳密克(Dinamic)

地　　址:Via Togliatti, 15 41030 Bomporto-MO-Italy Iscr. Trib. MO n. 24736
电　　话: +39-059812611
传　　真: +39-059812603
网　　址:www. dinamicoil. com
主营业务:减速机

◆采埃孚传动系统(北京)有限公司

地　　址:中国北京经济技术开发区泰河一街 2 号
电　　话:010-87141502
传　　真:010-87141498
网　　址:www. zf. com/china
主营业务:减速机

◆上海振华重工集团(南通)传动机械有限公司

地　　址:南通经济技术开发区团结河东路 1 号
电　　话:0513-85999700
传　　真:0513-85999150
网　　址:www. zpmcgearbox. com
主营业务:减速机

◆荆州市巨鲸传动机械有限公司

地　　址:湖北省荆州市开发区东方大道 58 号
电　　话:0716-8303808
传　　真:0716-8303808
网　　址:www. jujingcd. com. cn
主营业务:减速机

◆湖北科峰智能传动股份有限公司

地　　址:湖北省黄冈市黄州区中粮大道 9 号
电　　话:0713-8585866
传　　真:0713-8585911
网　　址:www. kofon. com. cn
主营业务:减速机

◆南京康普曼传动机械有限公司

地　　址:南京市江宁滨江经济开发区天成路8号
电　　话:025-84913668
传　　真:025-84913678
网　　址:www. kpmdrive. com
主营业务:减速机

◆重庆齿轮箱有限责任公司

地　　址:重庆江津东方红
电　　话:023-47211468
传　　真:023-47211128
网　　址:www. chongchi. com
主营业务:减速机

3. 主驱动变频电机

◆奥地利 ELIN

电　　话: +43-(0)5990230815
网　　址:www. elin. com
主营业务:主驱动变频电机

◆中车永济电机有限公司

地　　址:山西省永济市电机大街18号
电　　话:0359-8075162
传　　真:0359-8075290
网　　址:www. crrcgc. cc/yjdj
主营业务:主驱动变频电机

◆西门子(中国)有限公司

地　　址:北京市朝阳区望京中环南路7号
电　　话:010-64719990
传　　真:010-64719991
网　　址:www. siemens. com
主营业务:主驱动变频电机

◆东芝三菱电机工业系统(中国)有限公司

地　　址:北京市海淀区知春路甲48号盈都大厦B座21层
电　　话:010-58732277
传　　真:010-58732208
网　　址:www. tmeic. com
主营业务:主驱动变频电机

◆安徽皖南电机有限公司

地　　址:安徽泾县南华路86号
电　　话:0563-5028878
传　　真:0563-5029999
网　　址:www. wnmotor. com
主营业务:主驱动变频电机

◆江西特种电机股份有限公司

地　　址:江西省宜春市城南工业园环城南路581号
电　　话:0795-3283218
传　　真:0795-3274523
网　　址:www. jiangte. com. cn
主营业务:主驱动变频电机

◆中车株洲电机有限公司

地　　址:湖南省株洲市石峰区田心路 1 号
电　　话:0731-28441266
传　　真:0731-28432399
网　　址:www. crrcgc. cc
主营业务:主驱动变频电机

◆卓轮(天津)机械有限公司

地　　址:天津开发区第十一大街 79 号
电　　话:022-66231860
传　　真:022-66231860-1104
网　　址:www. zollern. com
主营业务:主驱动变频电机

4. 液压系统

◆博世力士乐中国

地　　址:上海市长宁区福泉北路 333 号
电　　话:4008807030
网　　址:www. boschrexroth. com. cn/zh/cn
主营业务:液压系统

◆派克汉尼汾中国

地　　址:上海市金桥出口加工区云桥路 280 号
电　　话:021-28995000
网　　址:www. parker. com
主营业务:液压系统

◆伊顿(中国)投资有限公司

地　　址:上海市长宁区临虹路 280 弄 3 号楼
电　　话:021-52000099
网　　址:www. eaton. com. cn
主营业务:液压系统

◆哈威液压系统(上海)有限公司

地　　址:上海市浦东新区金滇路 155 号
电　　话:021-58999678
传　　真:021-50550836
网　　址:www. hawe. com/zh-cn
主营业务:液压系统

◆费斯托(中国)有限公司

地　　址:上海浦东金桥出口加工区云桥路 1156 号
电　　话:021-60815100
传　　真:021-58540300
网　　址:www. festo. com. cn
主营业务:液压系统

◆江苏恒立液压股份有限公司

地　　址:江苏省常州市武进高新区龙潜路 99 号
电　　话:400-1018889
传　　真:0519-86159988
网　　址:www. henglicn. com
主营业务:液压系统

◆杭州爱力领富科技股份有限公司

地　　址:杭州市余杭区文一西路998号海创园18号楼410~412室
电　　话:0571-87225068
传　　真:0571-87225066
网　　址:www.hy-china.com
主营业务:进口液压件、密封件

◆太重集团榆次液压工业有限公司

地　　址:山西省晋中榆次工业园区108国道南谷段
电　　话:0354-2485180
传　　真:0354-2425114
网　　址:www.tzyy.com.cn
主营业务:液压系统

◆怀特(中国)驱动产品有限公司

地　　址:江苏省镇江市润州区宁镇公路1-8号
电　　话:0511-85729988
传　　真:0511-85728950
网　　址:www.whitedriveproducts.com
主营业务:液压系统

◆常州力士达液压设备有限公司

地　　址:江苏省常州市武进区奔牛镇金牛西路
电　　话:0519-83126601
传　　真:0519-83126602
主营业务:液压系统

◆上海倍润液压设备有限公司

地　　址:上海市嘉定区嘉松北路4777号敏枫工业园2号厂房101
电　　话:021-59947921,33527617
传　　真:021-59947921
网　　址:www.shbeirun.com
主营业务:液压系统

◆山东泰丰液压股份有限公司

地　　址:山东省济宁市高新区海川路66号
电　　话:0537-2712988
传　　真:0537-2718308
网　　址:www.taifenghydraulic.com
主营业务:液压系统

◆沈阳瑞华阳通用机械制造有限公司

地　　址:沈阳市皇姑区文储路100号
电　　话:024-88902629
传　　真:024-88731481
网　　址:www.ruihuayang.com
主营业务:液压系统

◆徐州徐工液压件有限公司

地　　址:江苏省徐州市经济开发区桃山路18号
电　　话:0516-87739890
传　　真:0516-83462680
网　　址:www.xcmg.com/yyj
主营业务:液压系统

◆天津市艾隆特精液压机械有限公司

地　　址:天津市西青区张家窝镇工业区汇鑫路2号
电　　话:022-23833012
传　　真:022-87981538
网　　址:www. altejing. cn. gtobal. com
主营业务:液压系统

◆浙江德泰机电工程有限公司

地　　址:浙江省桐乡市高桥镇工业区高桥大道1999号
电　　话:0573-88968571
传　　真:0573-88966599
主营业务:液压系统

5. 液压滤芯

◆颇尔过滤器(北京)有限公司

地　　址:北京市经济技术开发区宏达南路12号
电　　话:010-87225588
传　　真:010-67802329
网　　址:www. pall. com
主营业务:液压滤芯

◆贺德克液压技术(上海)有限公司

地　　址:上海市闵行经济技术开发区中屏路28号
电　　话:021-64633510
传　　真:021-64300257
网　　址:www. hydac. com. cn
主营业务:液压滤芯

◆派克汉尼汾中国

地　　址:上海市金桥出口加工区云桥路280号
电　　话:021-28995000
网　　址:www. parker. com
主营业务:液压滤芯

◆马勒技术投资(中国)有限公司

地　　址:上海市奉贤区环城北路1299号
电　　话:021-51360595
网　　址:www. cn. mahle. com
主营业务:液压滤芯

◆黎明液压有限公司

地　　址:浙江省温州鹿城轻工产业园区盛宇路58号
电　　话:0577-88782787
传　　真:0577-88781999
网　　址:www. leemin. com. cn
主营业务:液压滤芯

◆博世力士乐中国

地　　址:上海市长宁区福泉北路333号
电　　话:400-8807030
网　　址:www. boschrexroth. com. cn/zh/cn
主营业务:液压滤芯

◆德玛隆(郑州)滤器设备有限公司

地　　址:郑州市高新技术开发区光机电园区
电　　话:0371-56669828
传　　真:0371-63582867
网　　址:www. demalong. com
主营业务:液压滤芯

6. 人闸及压力装置

◆萨姆森控制设备(中国)有限公司

地　　址:北京经济技术开发区永昌南路 11 号
电　　话:010-67803011
传　　真:010-67803196
网　　址:www. samsonchina. com
主营业务:人闸压力控制系统

◆烟台宏远氧业有限公司

地　　址:山东省烟台市芝罘区车山路 6 号
电　　话:0535-2114086
传　　真:0535-2114086
网　　址:www. yangcang. com
主营业务:人闸与气压过渡舱

◆烟台冰轮高压氧舱有限公司

地　　址:烟台市莱山区滨海工业园光大路 1 号
电　　话:0535-8019188
传　　真:0535-8019178
网　　址:www. gyyc. cn
主营业务:人闸与气压过渡舱

◆西安英奥特控制系统有限公司

地　　址:陕西省西安市高新区鱼斗路 61 号 A2607
电　　话:13709269200
传　　真:029-81333500
网　　址:www. inautech. com. cn
主营业务:盾构压力控制系统及气压过渡舱

7. 空压机及储气罐

◆英格索兰(中国)投资有限公司

地　　址:上海市仙霞路 99 号尚嘉中心 8-12 楼
电　　话:021-2221 5000
网　　址:www. irco. com. cn
主营业务:空压机

◆上海优耐特斯压缩机有限公司

地　　址:上海南翔工业区嘉美路 201 号
电　　话:021-69172876
传　　真:021-69176655
网　　址:www. sunc. compressor. cn
主营业务:空压机

◆阿特拉斯科普柯(中国)矿山与建筑设备贸易有限公司

地　　址:江苏南京市经济技术开发区恒达路1号
电　　话:025-86967870
传　　真:025-86967860
网　　址:www. atlascopco. com. cn
主营业务:空压机

◆东莞雅迪勤压缩机制造有限公司

地　　址:广东省东莞市沙田镇民田富民路6号
电　　话:0769-88802320
传　　真:0769-88803230
网　　址:www. adekom. com. hk/cn
主营业务:空压机

◆ALUP Compressors Germany

地　　址:Nürtinger Str. 50 Köngen 73257 Germany
网　　址:www. alup. com
主营业务:空压机

◆复盛实业(上海)有限公司

地　　址:上海松江新桥开发区民益路28号
电　　话:021-62704880
传　　真:021-62704878
网　　址:www. fusheng-china. com
主营业务:空压机

8. 泡沫系统(泵和流量计)

◆恩德斯豪斯(中国)自动化有限公司

地　　址:上海市闵行区江川东路458号
电　　话:021-24039600
传　　真:021-24039607
网　　址:www. cn. endress. com
主营业务:流量计

◆法国PCM北京公司

地　　址:北京市朝阳区望京街8号利星行广场C座546房间
电　　话:010-56827508
网　　址:www. pcm. eu
主营业务:螺杆泵

◆西派克(上海)泵业有限公司

地　　址:上海浦东新区宣中路399号
电　　话:021-38108888
网　　址:www. seepex. com
主营业务:螺杆泵

◆耐驰(兰州)泵业有限公司

地　　址:兰州市高新区刘家滩506号
电　　话:0931-8555000
传　　真:0931-8552376
网　　址:www. netzsch. com. cn
主营业务:螺杆泵

9. 注浆系统

◆上海施维英机械制造有限公司

地　　址:上海市松江新桥工业区新效路177号
电　　话:021-80105065
网　　址:www. schwing. com. cn
主营业务:注浆泵

◆普茨迈斯特(北京)固体泵贸易有限公司

地　　址:北京市朝阳区呼家楼京广中心商务楼507室
电　　话:010-65026395
传　　真:010-65026301
网　　址:www. psp-cn. com
主营业务:注浆泵

◆中铁工程装备集团有限公司

地　　址:河南省郑州市经济开发区第六大街99号
电　　话:0371-60608666
传　　真:0371-60608800
网　　址:www. crectbm. com
主营业务:注浆泵

◆北京欧德林科技开发有限公司

地　　址:北京市海淀区复兴路17号公主坟国海广场D座817室
电　　话:010-64849106
传　　真:010-64849109
网　　址:www. oderlin. com
主营业务:注浆泵

◆郑州瑞申机器制造有限公司

地　　址:河南省郑州市惠济区绿源路9号
电　　话:0371-67770011
传　　真:0371-67770031
网　　址:www. zzruishen. com
主营业务:注浆泵

◆河北铸诚工矿机械有限公司

地　　址:河北省邢台市柏乡县柏镇路北侧
电　　话:0319-7708138
传　　真:0319-7766365
网　　址:www. hbzcgongkuang. com
主营业务:注浆泵

10. 盾构皮带机、连续皮带机及皮带

◆中铁工程装备集团有限公司

地　　址:河南省郑州市经济开发区第六大街99号
电　　话:0371-60608666
传　　真:0371-60608800
网　　址:www. crectbm. com
主营业务:皮带机

◆中国铁建重工集团股份有限公司

地　　址:湖南长沙经济技术开发区东七路88号
电　　话:400-8956789
传　　真:0731-84071800
网　　址:www. crchi. com
主营业务:皮带机

◆北方重工集团有限公司

地　　址:沈阳经济技术开发区开发大路 16 号
电　　话:024-25802581
传　　真:024-25851610
网　　址:www. china-sz. com
主营业务:皮带机

◆瑞士马蒂技术有限公司

地　　址:四川成都市青羊人民中路二段 70 号时代凯悦 2 单元 1802 室
电　　话:028-86282745
网　　址:www. martitechnik. ch
主营业务:皮带机

◆兖矿集团大陆机械有限公司

地　　址:山东省兖州市经济开发区
电　　话:0537-3472116
传　　真:0537-3472286
网　　址:www. ygdm. com
主营业务:皮带机、输送机

◆山西凤凰胶带有限公司

地　　址:山西省长治市太行西街 168 号
电　　话:0355-2086297
传　　真:0355-2085923
网　　址:www. phoenix-sx. com
主营业务:输送带

◆河北九洲橡胶科技股份有限公司

地　　址:河北省保定市蠡县经济开发区橡胶工业园区
电　　话:0312-6268888
传　　真:0312-6268788
网　　址:www. jiu-zhou. com. cn
主营业务:输送带

◆苏州大力神隧道掘进输送装备有限公司

地　　址:苏州市吴江区黎里镇芦墟梗田路 183 号
电　　话:0512-63263288
传　　真:0512-63263166
网　　址:www. szdls. net
主营业务:盾构皮带机

11. 二次通风机

◆山西巨龙风机有限公司

地　　址:山西运城市盐湖区德新路三号
电　　话:0359-8655448
传　　真:0359-6391788
主营业务:二次通风机

◆浙江双阳风机有限公司

地　　址:浙江省绍兴市上虞区上浦工业区昆仑路 16 号
电　　话:0575-82362367
传　　真:0575-82366700
网　　址:www. zj-syfj. com
主营业务:二次通风机

◆浙江上风高科专风实业有限公司

地　　址：浙江省绍兴市上虞区东关街道人民西路1818号
电　　话：0575-82530802
网　　址：www.sfgk.com.cn
主营业务：二次通风机

12. 泥浆泵及泥水循环控制系统

◆伟尔沃曼机械（苏州）有限公司

地　　址：江苏省苏州高新区华山路158号27号厂房
电　　话：0512-66676700
网　　址：www.weirminerals.com
主营业务：渣浆泵

◆湖北扬子江泵业（武汉）有限责任公司

地　　址：湖北省武汉市东西湖区金北二路5号
电　　话：027-87339012，027-87338183
传　　真：027-83258185
网　　址：www.yzjby.com
主营业务：泥浆泵与盾构泥水输送系统

◆特瑞堡工程系统（青岛）有限公司

地　　址：青岛市城阳区棘洪滩街道南万社区北
电　　话：0532-89650700
传　　真：0532-87907303
网　　址：www.trelleborg.com
主营业务：泥水循环控制系统

◆石家庄强大泵业集团有限责任公司

地　　址：河北省行唐县经济开发区利民大街
电　　话：0311-85426655
传　　真：0311-85426658
网　　址：www.cnkingda.com
主营业务：渣浆泵

◆河北德林机械有限公司

地　　址：河北省石家庄市元氏大街271号
电　　话：0311-86481688
传　　真：0311-86481668
网　　址：www.delinco.com
主营业务：泥浆泵

◆中隧阀门科技有限公司

地　　址：上海市静安区汶水路480号8号楼301
电　　话：021-56986688
传　　真：021-56621177
网　　址：www.tunnelvalve.com
主营业务：隧道盾构专用阀

◆宁海县建力混凝土泵配件有限公司

地　　址：浙江省宁波市宁海县桃源街道尤家村1号
电　　话：0574-65166188
传　　真：0574-65166088
网　　址：www.nhshenhai.com
主营业务：盾构机缓冲喉及吸、排胶管

◆河南中凯旭华智能装备有限公司

地　　址：河南省焦作市武陟县乔庙镇工业园区
电　　话：0391-2527898
网　　址：www.zzzktbm.com
主营业务：泥浆泵与盾构泥水输送系统

13. 注脂系统

◆美国林肯工业有限公司

地　　址：上海市黄浦区半淞园路377号
电　　话：021-53068866
网　　址：www.lincolnindustrial.com.cn
主营业务：油脂泵

◆美国固瑞克公司

地　　址：上海市黄浦区中山南路1029号7号楼
电　　话：021-64950088
网　　址：www.graco.com/cn
主营业务：油脂泵

◆阿勒米特

地　　址：上海市闵行区光华路18号B栋505室
电　　话：021-51870188
传　　真：021-51761558
网　　址：www.alemite.asia
主营业务：油脂泵

◆英格索兰（中国）投资有限公司

地　　址：上海市仙霞路99号尚嘉中心8-12楼
电　　话：021-22215000
网　　址：www.irco.com.cn
主营业务：油脂泵

◆广州埃斯特泵业有限公司

地　　址：广州市黄埔区埔南路18号128房
电　　话：020-82251929
网　　址：www.istpump.com
主营业务：油脂泵

14. 吊机与真空吸盘

◆德马格起重机械有限公司

地　　址:上海市普陀区绥德路 789 号
电　　话:021-60259029
传　　真:021-57464558
网　　址:www. demagcranes. com. cn
主营业务:吊机与真空吸盘

◆斯泰尔起重设备(上海)有限公司

地　　址:上海市普陀区怒江北路 399 号 9 层 901 室
电　　话:021-66083737
传　　真:021-66083015
网　　址:www. stahlcranes. com
主营业务:吊机与真空吸盘

◆法兰泰克重工股份有限公司

地　　址:江苏省苏州市吴江汾湖高新技术产业开发区汾越路 288-388 号
电　　话:0512-82072666
传　　真:0512-82072999
网　　址:www. eurocrane. com. cn
主营业务:吊机与真空吸盘

◆陕西埃希麦克斯机械设备有限责任公司(ACIMEX)

地　　址:陕西省杨凌示范区城南路火炬创业园 G 区
电　　话:029-87071766
传　　真:029-87071766
网　　址:www. acimex. com. cn
主营业务:真空吸盘

◆AERO-LIFT Vakuumtechnik GmbH

地　　址:Turmstraße 172351 Geislingen-Binsdorf
电　　话: +49 (0) 7428-94514-0
传　　真: +49 (0) 7428-94514-38
网　　址:www. aero-lift. de
主营业务:吊机与真空吸盘

15. 电缆及水管卷筒

◆海瑞克(广州)隧道设备有限公司

地　　址:广州市保税区东江大道 463 号
电　　话:020-82209300
传　　真:020-82219020
网　　址:www. herrenknecht. com
主营业务:电缆及水管卷筒

◆康稳移动供电设备(中国)销售公司

地　　址:上海市长宁区长宁路 1189 号来福士广场 T2 座 1802 室、1803 室
电　　话:021-68407060
传　　真:021-68968310
网　　址:www. conductix. com. cn
主营业务:电缆及水管卷筒

◆凯伏特(上海)动力技术有限公司

地　　址:上海市闵行区都会路 1951 弄 11 号厂房
电　　话:021-54429778
网　　址:www.cavotec.com
主营业务:电缆及水管卷筒

◆湖南海润电气有限公司

地　　址:湖南省岳阳市岳阳县荣家湾镇洞庭村海润工业园区
电　　话:0730-7830777
传　　真:0730-7831777
网　　址:www.hinar.cn
主营业务:电缆及水管卷筒

◆丹东万达电缆卷筒有限公司

地　　址:丹东市元宝区八道街 165 号
电　　话:0415-3128544
传　　真:0415-3131002
网　　址:www.dddljt.com
主营业务:电缆及水管卷筒

◆岳阳凯立信电气有限公司

地　　址:湖南省岳阳市奇家岭学院路许家桥巷 23-12 号
电　　话:0730-8641941
传　　真:0730-8641768
网　　址:www.credsun.com
主营业务:电缆及水管卷筒

16. PLC

◆西门子(中国)有限公司

地　　址:北京市朝阳区望京中环南路 7 号
电　　话:010-64719990
传　　真:010-64719991
网　　址:www.siemens.com
主营业务:PLC

◆三菱电机自动化(中国)有限公司

地　　址:上海市虹桥路 1386 号三菱电机自动化中心
电　　话:021-23223030
传　　真:021-23223000
网　　址:www.mitsubishielectric.com
主营业务:PLC

◆施耐德电气(中国)有限公司

地　　址:北京市朝阳区望京东路 6 号施耐德电气大厦
电　　话:010-84346699
传　　真:010-65037402
网　　址:www.schneider-electric.cn
主营业务:PLC

17. 各类传感器及仪表

◆威卡国际贸易（上海）有限公司

地　　址：苏州市高新区塔园路81号
电　　话：400-9289600
传　　真：0512-68780300
网　　址：www.wika.cn
主营业务：各类传感器

◆巴鲁夫自动化（上海）有限公司

地　　址：上海市浦东新区成山路800号云顶国际商业广场A座8层
电　　话：400-8200016
传　　真：400-9202622
网　　址：www.balluff.com.cn
主营业务：各类传感器

◆上海倍加福工业自动化贸易有限公司

地　　址：上海市闸北区市北工业园区江场三路219号大楼四楼
电　　话：021-66303939
传　　真：021-66300883
网　　址：www.pepperl-fuchs.com
主营业务：各类传感器

◆易福门电子（上海）有限公司

地　　址：上海浦东新区张江张衡路1000弄15号
电　　话：021-38134800
传　　真：021-50278669
网　　址：www.ifm.com/cn
主营业务：各类传感器

◆上海朝辉压力仪器有限公司

地　　址：上海市松江区南乐路1276弄115号8号楼5、6层
电　　话：021-51691919，67755188
传　　真：021-67755185
网　　址：www.sinosensor.com
主营业务：各类传感器

18. 变压器

◆ABB（中国）有限公司

地　　址：北京市朝阳区酒仙桥路10号恒通大厦
电　　话：010-84566688
传　　真：010-64231613
网　　址：www.new.abb.com/cn
主营业务：变压器

◆西门子（中国）有限公司

地　　址：北京市朝阳区望京中环南路7号
电　　话：400-6162020
网　　址：www.siemens.com
主营业务：变压器

◆许昌许继配电股份有限公司

地　　址：河南省许昌市经济技术开发区瑞祥路3388号
电　　话：0374-3219406
网　　址：www.xcxjpd.com
主营业务：变压器

◆顺特电气有限公司

地　　址：广东省佛山市顺德区大良街道五沙社区新悦路23号
电　　话：0757-22666888
网　　址：www.sunten.com.cn
主营业务：变压器

◆天津特变电工变压器有限公司

电　　话：400-687-1000
网　　址：www.tbea.com
主营业务：变压器

19. 变频器

◆施耐德电气(中国)有限公司

地　　址：北京市朝阳区望京东路6号施耐德电气大厦
电　　话：010-84346699
传　　真：010-65037402
网　　址：www.schneider-electric.cn
主营业务：变频器

◆罗克韦尔自动化(中国)有限公司

地　　址：上海市虹梅路1801号宏业大厦
电　　话：021-61288888
传　　真：021-61288899
网　　址：www.rockwellautomation.com
主营业务：变频器

◆西门子(中国)有限公司

地　　址：北京市朝阳区望京中环南路7号
电　　话：400-6162020
网　　址：www.siemens.com
主营业务：变频器

◆ABB(中国)有限公司

地　　址：北京市朝阳区酒仙桥路10号恒通大厦
电　　话：010-84566688
传　　真：010-64231613
网　　址：www.new.abb.com/cn
主营业务：变频器

◆丹佛斯自动控制管理(上海)有限公司

地　　址:上海市宜山路900号科技大厦C楼20层
电　　话:021-61513000
传　　真:021-61513100
网　　址:www.danfoss.cn
主营业务:变频器

20.电气控制系统

◆伊顿(中国)投资有限公司

地　　址:上海市长宁区临虹路280弄3号楼
电　　话:021-52000099
网　　址:www.eaton.com.cn
主营业务:电气控制系统

◆施耐德电气(中国)有限公司

地　　址:北京市朝阳区望京东路6号施耐德电气大厦
电　　话:010-84346699
传　　真:010-65037402
网　　址:www.schneider-electric.cn
主营业务:电气控制系统

◆ABB(中国)有限公司

地　　址:北京市朝阳区酒仙桥路10号恒通大厦
电　　话:010-84566688
传　　真:010-64231613
网　　址:www.new.abb.com/cn
主营业务:电气控制系统

◆芬得亚洲有限公司(Finder)

地　　址:香港九龙长沙湾长顺街20号时丰中心9楼901~903室
电　　话:+852-31880212
传　　真:+852-31880263
网　　址:www.finder-asia.com
主营业务:电子继电器、控制系统

◆西门子(中国)有限公司

地　　址:北京市朝阳区望京中环南路7号
电　　话:400-6162020
网　　址:www.siemens.com
主营业务:电气控制系统

◆德力西集团

地　　址:上海市普陀区中山北路1777号中国德力西大厦27楼
电　　话:021-62363333
传　　真:021-62365822
网　　址:www.delixi.com
主营业务:电气控制系统

◆正泰集团

地　　址：浙江省乐清北白象大桥工业园正泰高科技园区
电　　话：0577-62877777
传　　真：0577-62875888
网　　址：www. chint. com
主营业务：电气控制系统

◆上海玮尔电子有限公司

地　　址：上海市黄浦区广西北路528号501室
电　　话：021-63615515
传　　真：021-53082751
网　　址：www. shvir. com
主营业务：电气控制系统

21. 工控机

◆西门子(中国)有限公司

地　　址：北京市朝阳区望京中环南路7号
电　　话：400-6162020
网　　址：www. siemens. com
主营业务：工控机

◆研祥智能科技股份有限公司

地　　址：深圳市南山区高新中四道31号研祥科技大厦
电　　话：400-880-9666
网　　址：www. evoc. com
主营业务：工控机

◆研华科技(中国)有限公司

地　　址：江苏省昆山市玉山镇汉浦路600号
电　　话：0512-5777-5666
网　　址：www. advantech. com. cn
主营业务：工控机

22. 视频监控系统

◆广州新视宝电脑监控器材公司

地　　址：广州市番禺区钟村街市广路钟三路段36号
电　　话：020-84711169
传　　真：020-84717342
网　　址：www. sunspo. com
主营业务：视频监控系统

◆上海益丰电器有限公司

地　　址：上海市北京东路668号科技京城(赛格电子市场)2A203
电　　话：021-61201716
传　　真：021-61202716
网　　址：www. yifengh. byf. com
主营业务：视频监控系统

◆杭州海康威视数字技术股份有限公司

地　　址:杭州市滨江区阡陌路 555 号
电　　话:0571-88075998
传　　真:0571-88805843
网　　址:www. hikvision. com
主营业务:视频监控系统

◆浙江大华技术股份有限公司

地　　址:杭州滨江高新区滨安路 1199 号
电　　话:0571-28933188
传　　真:0571-87688857
网　　址:www. dahuatech. com
主营业务:视频监控系统

23. 导向测量系统

◆中国铁建重工集团股份有限公司

地　　址:湖南长沙经济技术开发区东七路 88 号
电　　话:400-8956789
传　　真:0731-84071800
网　　址:www. crchi. com
主营业务:导向测量系统

◆维艾姆迪(上海)测量技术有限公司

地　　址:上海市浦东新区张东路 1158 号礼德铂金中心 1 号楼 1101A 室
电　　话:021-50750276
传　　真:021-50277789
网　　址:www. vmt-china. com
主营业务:导向测量系统

◆上海米度测量技术有限公司

地　　址:上海市浦东新区尚博路 366 弄 8 号 6 楼
电　　话:021-50329515,50171836
传　　真:021-50171836
网　　址:www. meter-degree. com
主营业务:导向测量系统

◆德国 PPS(Poltinger Precision Systems) GmbH

地　　址: Henschelring 15a 85551 Kirchheim (bei München)
电　　话: +49-89-127661440
传　　真: +49-89-1276614420
网　　址:www. pps-muc. de
主营业务:导向测量系统

◆演算工坊(ENZAN KOUBOU CO., LTD.)

地　　址:237-3 Yamazato-cho, Kamigyo-ku, Kyoto 602-8268, Japan
电　　话: +81-75-417-0100
传　　真: +81-75-417-0200
网　　址:www. enzan-k. com
主营业务:导向测量系统

◆中铁工程装备集团有限公司

地　　址:河南省郑州市经济开发区第六大街 99 号
电　　话:0371-60608666
传　　真:0371-60608800
网　　址:www. crectbm. com
主营业务:导向测量系统

◆上海力信测量技术有限公司

地　　址:上海市浦东新区蔡伦路 1690 号 2 幢 501 室
电　　话:021-56807268
传　　真:021-56807268
网　　址:www. sh-raising. com
主营业务:导向测量系统

24. 远程监控系统及盾构信息技术服务

◆维艾姆迪(上海)测量技术有限公司

地　　址:上海市浦东新区张东路 1158 号礼德铂金中心 1 号楼 1101A 室
电　　话:021-50750276
传　　真:021-50277789
网　　址:www. vmt-china. com
主营业务:远程监控系统

◆上海米度测量技术有限公司

地　　址:上海市浦东新区尚博路 366 弄 8 号 6 楼
电　　话:021-50329515,50171836
传　　真:021-50171836
网　　址:www. meter-degree. com
主营业务:远程监控系统

◆北京九镁科技有限公司

地　　址:北京市海淀区上地创业中路 36 号(留学人员海淀创业园 106 室)
电　　话:010-82895841
传　　真:010-82894821
网　　址:www. geometro. com. cn
主营业务:地理信息系统(GIS) + 建筑信息模型(BIM) + 移动测量系统

◆北京申江工程技术咨询有限公司

地　　址:北京市海淀区永澄北路 2 号院 1 号楼五层 190 室
电　　话:010-62331632
传　　真:010-62331632
主营业务:远程监控系统

◆西安创富电子科技有限公司

地　　址:西安市高新区丈八一路 1 号汇鑫 IBC-A 座 13 层
电　　话:029-88277962
传　　真:029-88277962-828
网　　址:www. xacf. com
主营业务:盾构、TBM 施工与健康管理云平台

◆上海逸风自动化科技有限公司

地　　址:上海市徐汇区漕溪路 251 弄 5 号楼 13E 座
电　　话:021-64836150
传　　真:021-64836155
网　　址:www. ef-automation. com
主营业务:远程监控系统

◆南京坤拓土木工程科技有限公司

地　　址:江苏省南京市雨花台区贾东村105号综合办公楼6楼
电　　话:025-84808342
传　　真:025-84808342
网　　址:www. kentop. cc
主营业务:安全风险管理监控系统

◆毕埃慕(上海)建筑数据技术股份有限公司

地　　址:上海市大连路1546号2号楼24F-C座
电　　话:021-61995100
网　　址:www. 17bim. com
主营业务:BIM咨询服务

◆徕卡测量系统贸易(北京)有限公司

地　　址:北京市朝阳区朝外大街16号中国人寿大厦2002~2005室
电　　话:010-85691818
传　　真:010-85251836
网　　址:www. leica-geosystems. com. cn
主营业务:远程监控系统

25. 拼装机遥控器

◆上海海希工业通讯设备有限公司

地　　址:上海市莘砖公路518号15幢
电　　话:021-54902525
传　　真:021-54902626
网　　址:www. hbc. net. cn
主营业务:拼装机遥控器

◆深圳市海德无线遥控有限公司

地　　址:广东深圳市罗湖区红桂路1029号天元大厦26G
电　　话:0755-25896812
传　　真:0755-25589566
网　　址:www. hetronic. net. cn
主营业务:拼装机遥控器

四、盾构配套设备制造企业

1. 门式起重机

◆河南卫华重型机械股份有限公司

地　　址:河南省长垣县卫华大道西段
电　　话:0373-8887666
传　　真:0373-8887665
网　　址:www.craneweihua.com
主营业务:门式起重机

◆中铁科工集团轨道交通装备有限公司

地　　址:武汉市江夏区庙山经济开发区幸福工业园
电　　话:027-81990321
传　　真:027-81990303
网　　址:www.crrte.cn
主营业务:门式起重机

◆德马格起重机械(上海)有限公司

地　　址:上海市闵行区沪闵路6088号莘庄龙之梦广场18楼
电　　话:021-34702998
传　　真:021-34702854
网　　址:www.demagcranes.com.cn
主营业务:门式起重机

◆中铁十六局集团建工机械有限公司

地　　址:北京市密云区新北路29号西
电　　话:010-61095670
传　　真:010-61093123
网　　址:www.cr16jgjx.com
主营业务:门式起重机

◆河南豫中起重集团有限公司

地　　址:河南省长垣县位庄镇工业区
电　　话:0373-8791368
传　　真:0373-8791898
网　　址:www.yuzhongqz.com
主营业务:门式起重机

◆大连重工·起重集团有限公司

地　　址:辽宁省大连市西岗区八一路169号华锐大厦
电　　话:0411-86852820
网　　址:www.cec-ceda.org.cn
主营业务:门式起重机

◆河南省矿山起重机械有限公司

地　　址:河南省长垣县长恼工业区矿山路与纬三路交汇处
电　　话:400-0373-818
传　　真:0373-8735598/333
网　　址:www.hnks.com
主营业务:门式起重机

◆河南中原重工制造有限公司

地　　址:河南省起重工业园区封丘S213省道创业园1号
电　　话:0373-8423456,8423777
传　　真:0373-8423555
网　　址:www.zyhi.com.cn
主营业务:门式起重机

◆科尼起重机设备(上海)有限公司

地　　址:上海市普陀区祁连山南路 2891 弄 100 号四号楼 D
电　　话:021-26061188
传　　真:021-26061066
网　　址:www.konecranes.com.cn
主营业务:门式起重机

◆新乡市起重机厂有限公司

地　　址:河南省新乡市南环工业区
电　　话:0373-3388389
传　　真:0373-3388389
网　　址:www.hnqzzg.cn
主营业务:门式起重机

◆河南省重科防爆机械有限公司

地　　址:河南省郑州市南阳路 213 号
电　　话:0371-63679616
传　　真:0371-63679616
网　　址:www.hnzkqz.cn
主营业务:门式起重机

◆洛阳卡瑞起重设备有限公司

地　　址:河南省洛阳市洛龙科技园瀛洲路 3 号
电　　话:0379-69825599
网　　址:www.krccrane.com
主营业务:门式起重机

◆中铁十一局集团汉江重工有限公司

地　　址:湖北襄阳市樊城区航空航天工业园中航大道 22 号
电　　话:0710-3124849
传　　真:0710-3124801
网　　址:www.hjhi.cn
主营业务:门式起重机

◆新乡市中原起重机设备总厂有限公司

地　　址:河南省长垣县东关工业区
电　　话:0373-8810890
网　　址:www.yaqicrane.com
主营业务:门式起重机

◆南京登峰起重设备制造有限公司

地　　址:南京市六合区龙池街道时代大道 128 号
电　　话:025-58735552,58735983
传　　真:025-58735983
网　　址:www.njdengfeng.com
主营业务:门式起重机

◆中铁长安重工有限公司

地　　址:陕西省西安市未央区广安路 3619 号
电　　话:029-82551916
传　　真:029-82551916
网　　址:www.cr20gcazg.com
主营业务:门式起重机

2. 牵引机车编组

◆中铁十六局集团建工机械有限公司

地　　址:北京市密云区新北路29号西
电　　话:010-61095670
传　　真:010-61093123
网　　址:www.cr16jgjx.com
主营业务:牵引机车及整列编组

◆中铁工程装备集团隧道设备制造有限公司

地　　址:新乡市人民路与西环路交叉口向西300m路北
电　　话:0373-3765908
传　　真:0373-3765901
网　　址:www.crectss.com
主营业务:牵引机车及整列编组

◆甘肃四方机车有限公司

地　　址:兰州市安宁区立达国际汽配城19-116
电　　话:0931-7619348
传　　真:0931-7619348
网　　址:www.4fjc.com
主营业务:电机车

◆中铁科工集团轨道交通装备公司

地　　址:武汉市江夏区庙山经济开发区幸福工业园内
电　　话:027-81990321
传　　真:027-81990330
网　　址:www.crrte.cn
主营业务:电机车

◆西安市益德机电设备有限公司(德国小马机车国内代理商)

地　　址:西安市碑林区环城南路西段33号旺圆大厦B座1107室
电　　话:029-84384743
网　　址:www.xaydjd.cn
主营业务:代理小马机车

◆宝鸡恒通隧道设备有限公司

地　　址:陕西省宝鸡市渭滨区高新六路旭光工业园
电　　话:0917-3373679
传　　真:0917-3373679
网　　址:www.bjhtsb.net
主营业务:砂浆车、管片运输车等

◆中铁宝桥集团有限公司

地　　址:陕西省宝鸡市清姜路80号
电　　话:0917-3351818
传　　真:0917-3353371
网　　址:www.crbbi.com
主营业务:牵引机车及整列编组

◆湘潭牵引机车厂有限公司

地　　址:湖南省湘潭市雨湖区草塘路15号
电　　话:0731-52826858
传　　真:0731-58377431
网　　址:www.xiangqian168.com
主营业务:电机车、机车配套设备

◆北车兰州机车有限公司

地　　址:甘肃省兰州市七里河区武威路63号
电　　话:0931-2946321
传　　真:0931-2867279
网　　址:www. crrcgc. cc
主营业务:牵引机车及整列编组

◆河南翔康隧道设备制造有限公司

地　　址:河南省新乡市经开区支一路与支四路交叉口
电　　话:0373-3686638
传　　真:0373-3686638
网　　址:www. xksdsb. com
主营业务:渣土车、管片车、砂浆车

◆湖北晨风轨道装备股份有限公司

地　　址:湖北省鄂州市经济开发区武汉港工业园
电　　话:0711-3616818
传　　真:0711-3616819
网　　址:www. hbcfgd. com
主营业务:牵引机车及整列编组

◆中铁隧道股份有限公司新乡机械制造分公司

地　　址:河南省新乡市大召营镇中召村
电　　话:0373-2647379
网　　址:www. zsgfzz. com
主营业务:牵引机车及整列编组

◆中铁长安重工有限公司

地　　址:陕西省西安市未央区广安路3619号
电　　话:029-82551916
传　　真:029-82551916
网　　址:www. cr20gcazg. com
主营业务:牵引机车

3. 浆液搅拌站

◆北方永定工贸有限公司

地　　址:北京市丰台区长辛店东山坡三里西43号
电　　话:010-83867812
传　　真:010-83867812
网　　址:www. bfydcn. com
主营业务:浆液搅拌站

◆北京双骏纵横机械设备有限公司

地　　址:北京市通州区宋庄镇徐辛庄村委会西800m
电　　话:13439398575
网　　址:www. gongshang. mingluji. com/beijing/node/15654
主营业务:浆液搅拌站

◆山东建科集团

地　　址:山东省济南市市中区经十西路818号
电　　话:0531-87453566
传　　真:0531-87453588
网　　址:www. sdjk. com. cn
主营业务:浆液搅拌站

◆深圳森钢重型钢结构工程有限公司

地　　址:深圳市宝安福永街道桥头社区永福路114号森钢工业园
电　　话:0755-27317403
传　　真:0755-27317995
网　　址:www. sz-sengang. com
主营业务:浆液搅拌站

◆郑州亿立实业有限公司

地　　址:河南省荥阳市建设路西段
电　　话:0371-65006887
传　　真:0371-65006886
网　　址:www. yilishiye. com
主营业务:浆液搅拌站

◆佛山市南海聚龙建设机械有限公司

地　　址:佛山市南海区丹灶国家生态工业示范园区金石大道25号
电　　话:0757-86691568
传　　真:0757-86691668
网　　址:www. julong68. com
主营业务:浆液搅拌站

4. 泥水处理系统

◆三川德青工程机械有限公司

地　　址:湖北省宜昌市高新技术开发区大连路8号黑旋风科技园
电　　话:0717-6066366
传　　真:0717-6467192
网　　址:www. hxf-gj. com
主营业务:泥水处理系统

◆康明克斯(北京)机电设备有限公司

地　　址:北京市密云经济开发区翔云路3号
电　　话:010-69076938
传　　真:010-69076898
网　　址:www. comexbj. com
主营业务:泥水处理系统

◆河南威猛振动设备有限公司

地　　址:河南省新乡县工业路1号
电　　话:0373-3067720
网　　址:www. winnergroup. com. cn
主营业务:泥水处理系统

◆濮阳市中原锐实达石油设备有限公司

地　　址:濮阳市市京开道北段路西
电　　话:0393-7862950
传　　真:0393-7862568
网　　址:www. pyzyrsd. com
主营业务:泥水处理系统

◆沧州市华油飞达固控设备有限公司

地　　址:河北省沧州市经济开发区新华工业园区
电　　话:0317-3051833
网　　址:www.czhyfd.com
主营业务:泥水处理系统

◆斯派莎克工程(中国)有限公司

地　　址:上海市闵行区浦江高科技园区新骏环路800号
电　　话:021-24163666
传　　真:021-24163688
网　　址:www.spiraxsarco.com
主营业务:泥水处理系统

◆上海天颢实业有限公司

地　　址:上海市静安区平型关路138号912~915室
电　　话:021-32556939
传　　真:021-32556919
网　　址:www.tianhaoshiye.com
主营业务:泥水处理系统

5.管片模具

◆杨凌CBE隧道模具有限公司

地　　址:陕西省杨凌示范区城南路火炬创业园
电　　话:029-87071775
传　　真:029-87071777
网　　址:www.cbejt.com
主营业务:隧道管片模具

◆杭州铁牛机械有限公司

地　　址:浙江省杭州市萧山区江东工业区江东二路1388号
电　　话:0571-82986188
传　　真:0571-82985299
网　　址:www.unicrane.net
主营业务:隧道管片模具

◆北京首钢机电有限公司

地　　址:北京市石景山区老山西里
电　　话:010-88297134
传　　真:010-88297135
网　　址:www.sgme.com.cn
主营业务:隧道管片模具

◆上海隧道工程股份有限公司机械制造分公司

地　　址:上海市浦东新区海徐路957号
电　　话:021-58482957
传　　真:021-58483092
主营业务:隧道管片模具

◆青岛环球集团股份有限公司

地　　址:青岛市黄岛区钱家山路 177 号
电　　话:0532-86151998
传　　真:0532-86150902
网　　址:www. hicorp. cn
主营业务:隧道管片模具

6. 二次注浆设备

◆镇江宝城注浆设备有限公司

地　　址:江苏省镇江市丹徒区宝堰镇工业园区
电　　话:0511-85512022
传　　真:0511-85510515
网　　址:www. bao-cheng. com
主营业务:二次注浆设备

◆河南省耿力工程设备有限公司

地　　址:河南省洛阳市空港产业聚集区
电　　话:0379-60118689
网　　址:www. hngl. com. cn
主营业务:二次注浆设备

◆自贡市恒达泵业有限公司

电　　话:0813-3302215
传　　真:0813-3305561
网　　址:www. hd-pump. com
主营业务:二次注浆设备

◆镇江长城注浆设备有限公司

地　　址:江苏省镇江市民营开发区润兴路 10 号
电　　话:0511-85519258
传　　真:0511-85520098
网　　址:www. cczj. com
主营业务:二次注浆设备

7. 隧道风机

◆山西省侯马市鑫丰康风机有限公司

地　　址:山西省侯马市幸福街 589 号
电　　话:0357-4188956
传　　真:0357-4189490
网　　址:www. xfk-fj. com
主营业务:隧道风机

◆天津通创风机有限公司

地　　址:天津市河东区卫国道 189 号帅越科技园
电　　话:022-27059898
传　　真:022-84550626
网　　址:www. tostrong. com
主营业务:隧道风机

◆西安市益德机电设备有限公司(法国ECE风机国内代理商)

地　　址:西安市碑林区环城南路西段33号旺圆大厦B座1107室
电　　话:029-84384743
网　　址:www.xaydjd.cn
主营业务:隧道风机

◆中华优固企业有限公司

地　　址:杭州市萧山区太古广场1幢906室
电　　话:0373-8791368
传　　真:0373-8791898
网　　址:www.u-good.com
主营业务:隧道风机

◆天津市通风机厂

地　　址:天津市河东区红星路古田道2号
电　　话:022-86372450
主营业务:隧道风机

8. 专用工具

◆凯特克集团凯特克贸易(上海)有限公司

地　　址:上海市曹杨路1040弄19楼
电　　话:021-62540813
网　　址:www.hytorchina.com
主营业务:液压扳手

◆美国BLACKHAWK黑鹰公司

地　　址:9200 Cody Overland Park, KS 66214
电　　话:18003791732
网　　址:www.blackhawk.com
主营业务:液压钣金工具

◆实用动力集团Enerpac中国总部

地　　址:江苏太仓市南京东路6号
电　　话:0512-53287500
传　　真:0512-53359690
网　　址:www.enerpac.com.cn
主营业务:专用工具

◆博世电动工具(中国)有限公司

地　　址:浙江省杭州市滨江区滨康路567号
电　　话:400-8268484
网　　址:www.bosch-pt.com.cn
主营业务:电动工具

◆北京和成兴业机电设备销售有限公司（德国 PLARAD 中国代理商）

地　　址：北京市昌平区北七家名佳花园四区 1 楼楼 511 底商
电　　话：010-51261836
传　　真：010-81759356
网　　址：www.plaradchina.com
主营业务：专用工具

五、盾构配件与耗材制造企业

1. 盾构刀具

◆中铁工程装备集团有限公司

地　　址:河南省郑州市经济开发区第六大街99号
电　　话:0371-60608666
传　　真:0371-60608800
网　　址:www.crectbm.com
主营业务:盾构刀具

◆天津立林钻头有限公司

地　　址:天津市津南区葛沽富康路
电　　话:022-28685858
传　　真:022-28685158
网　　址:www.lilingroup.com
主营业务:盾构刀具

◆明梁控股集团有限公司(意大利庞万利刀具代理商)

地　　址:深圳市罗湖区建设路1072号东方广场2009室
电　　话:0755-82256703
传　　真:0755-82238024
网　　址:www.mleng.com
主营业务:盾构刀具

◆罗宾斯(上海)地下工程设备有限公司

地　　址:上海闵行区碧溪路295号
电　　话:021-34023238
网　　址:www.therobbinscompany.com
主营业务:盾构刀具

◆山东天工岩土工程设备有限公司

地　　址:山东聊城东昌府区凤凰工业园
电　　话:0635-2121655
传　　真:0635-5089887
网　　址:www.techgong.com.cn
主营业务:盾构刀具

◆深圳市中天超硬工具股份有限公司

地　　址:深圳市宝安区新安67区留仙一路甲岸科技园2栋
电　　话:0755-26073999
传　　真:0755-26640035
网　　址:www.juntec.com
主营业务:盾构刀具

◆南昌齿轮有限责任公司盾构刀具分公司

地　　址:南昌市经济技术开发区庐山北大道48号
电　　话:0791-83876118
传　　真:0791-83876688
网　　址:www.ncdgdj.com
主营业务:盾构刀具

◆洛阳九久科技股份有限公司

地　　址:中国(河南)自由贸易试验区洛阳片区高新区丰润东路139号
电　　话:0379-65196583
传　　真:0379-65196584
网　　址:www.lyjj.com
主营业务:盾构刀具

◆吉林省维尔特隧道装备有限公司

地　　址：吉林市永吉经济开发区
电　　话：0432-64290002
传　　真：0432-64290002
网　　址：www. jlwet. com
主营业务：盾构刀具

◆山东瑞钻装备有限公司

地　　址：聊城市经济开发区泰山路
电　　话：0635-2936866
传　　真：0635-2936766
网　　址：www. rzcutters. com
主营业务：盾构刀具

◆深圳恒马实业有限公司

地　　址：深圳市宝安区石岩街道浪心社区塘头大道北恒超工业园厂房 A 栋 1 层西
电　　话：0755-26793060
传　　真：0755-26793860
主营业务：盾构刀具

◆武汉江钻恒立工程钻具股份有限公司

地　　址：武汉市东湖新技术开发区财富二路五号
电　　话：027-59723101
传　　真：027-59723100
网　　址：www. hltools. cn
主营业务：盾构刀具

◆南昌力通岩土工程设备有限公司

地　　址：南昌市望城开发区物华路 299 号
电　　话：0791-83771666
传　　真：0791-83771668
网　　址：www. nclitong. com
主营业务：盾构刀具

◆湖南德天盾构机刀具有限公司

地　　址：湖南株洲天元区长江北路 368 号湘银大厦 8 楼
电　　话：0731-28586611
传　　真：0731-28586600
网　　址：www. hunandetian. com
主营业务：盾构刀具

◆昆山众备机械设备有限公司

地　　址：江苏省昆山市锦溪生态产业园昆开路 118 号
电　　话：0512-57220388-8010
传　　真：0512-57222299
网　　址：www. zhongbeijixie. com. cn
主营业务：盾构刀具

◆山东易斯特工程工具有限公司

地　　址：山东省聊城市高新技术产业开发区黄山南路 166 号
电　　话：0635-2128722
传　　真：0635-2128721
网　　址：www. estcutters. com. cn
主营业务：盾构刀具

◆葫芦岛力天重工有限公司

地　　址：辽宁省葫芦岛市打渔山泵业产业园区同心路6号
电　　话：0429-2269666
传　　真：0429-2269666
网　　址：www. china. litechtools. com
主营业务：盾构刀具

◆株洲钻石切削刀具股份有限公司

地　　址：湖南株洲市天元区黄河南路28号钻石工业园
电　　话：0731-22881671
传　　真：0731-22882721
网　　址：www. zccct. com
主营业务：盾构刀具

◆山东天佑隧道工程设备有限公司

地　　址：山东省聊城市经济开发区
电　　话：0635-8368869
传　　真：0635-8368869
网　　址：www. sdtysd. com
主营业务：盾构刀具

◆佛山市南海盐步远东机械有限公司

地　　址：广东佛山市南海区盐步广佛公路横江路段
电　　话：0757-85776507
主营业务：盾构刀具

◆中铁隧道局集团有限公司设备分公司

地　　址：河南省洛阳市老城区状元红路3号隧道局设备分公司
电　　话：0379-62633192
传　　真：0379-62633024
网　　址：www. ctg-zysb. com
主营业务：盾构刀具

2. 盾尾刷

◆上海蓝承机械设备发展有限公司

地　　址：上海市金山区山阳镇红旗西路158号1号楼304室
电　　话：021-52699573
传　　真：021-52699573
网　　址：www. shlancheng. 1688. com
主营业务：盾尾刷

◆吴江海格机械有限公司

地　　址：吴江市松陵镇八坼农创村
电　　话：0512-63055589
传　　真：0512-63055589
主营业务：盾尾刷

◆山东天佑隧道工程设备有限公司

地　　址:山东省聊城市经济开发区
电　　话:0635-8368869
传　　真:0635-8368869
网　　址:www. sdtysd. com
主营业务:盾尾刷

◆中铁隧道局集团有限公司设备分公司

地　　址:河南省洛阳市老城区状元红路 3 号隧道局设备分公司
电　　话:0379-62633192
传　　真:0379-62633024
网　　址:www. ctg-zysb. com
主营业务:盾尾刷

◆广州信飞机械有限公司

地　　址:广州市番禺区桥南街陈涌村兴业大道东 61 号中荣工业园 F 座 102
电　　话:13902269205
传　　真:020-39237019
网　　址:www. guangzhouxinfei. com
主营业务:盾尾刷

◆山东易斯特工程工具有限公司

地　　址:山东省聊城市高新技术产业开发区黄山南路 166 号
电　　话:0635-2128722
传　　真:0635-2128721
网　　址:www. estcutters. com. cn
主营业务:盾尾刷

◆昆山众备机械设备有限公司

地　　址:江苏省昆山市锦溪生态产业园昆开路 118 号
电　　话:0512-36877915
网　　址:www. zhongbeijixie. com. cn
主营业务:盾尾刷

◆牡丹江金盾尾刷机械有限公司

地　　址:黑龙江省牡丹江市
电　　话:13836302347
网　　址:www. cn. made-in-china. com/showroom/jindun0453
主营业务:盾尾刷

◆上海翔盾机械设备有限公司

地　　址:上海市嘉定区宝丰西路 886 号
电　　话:021-33866535
传　　真:021-33866535
网　　址:www. shxiangdun. com
主营业务:盾尾刷

◆廊坊辰兴机械有限公司

地　　址:北京市朝阳区劲松南路 1 号海文大厦 739 室
电　　话:010-67759370
传　　真:010-67799669
主营业务:盾尾刷

◆河北盛荣新材料科技有限公司

电　　话:0317-2953066
传　　真:0317-2953871
网　　址:www. shengrongcailiao. com
主营业务:盾尾刷

3. 关键部件密封

◆意大利 CARCO 亚洲公司

地　　址:深圳市罗湖区爱国路新丰大厦 A 单元四层
电　　话:13923406961
网　　址:www. carcoseal. com/cn
主营业务:密封制品

◆赫莱特密封科技(上海)有限公司

地　　址:上海市嘉定区北工业开发区兴荣路 785 号
电　　话:021-33517272
传　　真:021-33517085
网　　址:www. hallite. com
主营业务:密封制品

◆斯凯孚(中国)有限公司

地　　址:上海市黄浦区半淞园路 377 号
电　　话:021-53068866
传　　真:021-63617855
网　　址:www. skf. com/cn
主营业务:密封制品

◆西北橡胶塑料研究设计院有限公司

地　　址:陕西省咸阳市秦都区西华路 2 号
电　　话:029-33621344
传　　真:029-33621360
网　　址:www. xbxj. chemchina. com
主营业务:橡胶密封制品

◆优泰科(苏州)密封技术有限公司

地　　址:江苏省苏州市工业园区界浦路南江田里路 25 号
电　　话:0512-62795018
传　　真:0512-62797880
网　　址:www. utec. cc
主营业务:密封件、密封材料

◆北京建科汇峰科技有限公司

地　　址:北京市通州区张家湾镇西定福庄甲 51 号
电　　话:18911865558
传　　真:0316-5175887
网　　址:www. jksymf. com
主营业务:超高压密封元件研发、生产

◆诺德保尔工业技术(北京)有限公司

地　　址:北京市朝阳区安慧里四区16号楼中国化工大厦617室
电　　话:010-51262160-231
传　　真:010-84885066
网　　址:www. rodbell. net
主营业务:密封件(代理国外产品)

◆广州宝力特密封技术有限公司

地　　址:广东省广州市黄埔区田园路97号
电　　话:020-32198021
传　　真:020-32149617
网　　址:www. blt-seal. com
主营业务:密封件

4. 盾构机特种螺栓

◆中铁隆昌铁路器材有限公司

地　　址:四川省内江市隆昌县金鹅街道重庆路598号
电　　话:0832-3998122
网　　址:www. lc-railway. com
主营业务:特种螺栓

◆湖北玖天机车部件有限公司

地　　址:湖北省孝感市安陆市经济开发区
电　　话:0712-5251699
传　　真:0712-5252699
网　　址:www. hbjiutian. com
主营业务:盾构机刀盘连接螺柱、螺母、垫片

◆沈阳东亿机械制造有限公司

地　　址:沈阳市经济技术开发区沈辽路6号街
电　　话:024-89357995
传　　真:024-89357996
网　　址:www. china-dongyi. com
主营业务:紧固件、螺栓

◆襄阳福瑞特机械制造有限公司

地　　址:襄阳市襄州区张湾镇钢铁路8号
电　　话:0710-2878505
网　　址:www. zcfrt. com
主营业务:特种螺栓

5. 吊索具

◆巨力索具股份有限公司

地　　址:河北保定市徐水区巨力路
电　　话:0312-8777777
传　　真:0312-8555555
网　　址:www. julisling. com
主营业务:钢丝绳索具等

◆上海君威钢绳索具有限公司

地　　址:上海宝山区春和路380号
电　　话:400-6021-333
传　　真:021-65374600
网　　址:www. jwgss. com
主营业务:钢丝绳索具等

◆柳州欧维姆机械股份有限公司

地　　址：广西柳州市鱼峰区阳和工业园阳惠路1号
电　　话：0772-3177072
传　　真：0772-3113588
网　　址：www. ovm. cn
主营业务：钢丝绳索具等

◆北京起重工具厂

地　　址：北京朝阳区红庙首都经济贸易大学校办厂
电　　话：010-85995857
网　　址：www. eiiibcjcm. sooshong. com
主营业务：钢丝绳索具等

6. 电缆

◆远东电缆有限公司

地　　址：江苏省宜兴市远东大道8号
电　　话：0510-87242500
传　　真：0510-87242500
网　　址：www. fe-cable. com
主营业务：各种电缆

◆河北华通线缆集团有限公司

地　　址：河北唐山市丰南区经济开发区华通大街111号
电　　话：0315-5098186
传　　真：0315-5098800
网　　址：www. huatongcables. com
主营业务：电缆

◆上海蓝昊电气有限公司

地　　址：上海市淮海中路1045号淮海国际广场1903室
电　　话：021-54960492
传　　真：021-64320005
网　　址：www. cnlhe. com
主营业务：各种电缆

◆江苏上上电缆集团

地　　址：江苏省溧阳市上上路68号
电　　话：0519-87308866
网　　址：www. shangshang. com
主营业务：各种电缆

◆无锡江南电缆厂

地　　址：江苏省宜兴市官林镇新官东路53号
电　　话：0510-87209980
网　　址：www. jn-cable. cn
主营业务：各种电缆

7. 蓄电池及充电机

◆淄博火炬能源有限责任公司

地　　址:山东淄博市张店区南定镇南罗路19号
电　　话:0533-2276488
传　　真:0533-2980136
网　　址:www.torchbat.com.cn
主营业务:蓄电池

◆上海诺法科技有限公司

地　　址:上海市松江区辰花路819号102室
电　　话:13816973960
网　　址:www.nofatech.com
主营业务:电机车用能量型电池系统

◆江苏快乐电源股份有限公司

地　　址:江苏省淮安市涟水经济开发区红日大道25号
电　　话:0517-82738302
传　　真:0517-82736226
网　　址:www.jskl-battery.com
主营业务:蓄电池

◆淮南通霸蓄电池有限公司

地　　址:安徽淮南市大通区
电　　话:0554-6642230
传　　真:0554-6642230
网　　址:www.tong-ba.com
主营业务:蓄电池

◆合肥迅启蓄电池有限公司

地　　址:安徽省合肥市望江东路365号
电　　话:0551-65710670
传　　真:0551-63523891
网　　址:www.ahxunqi.com
主营业务:蓄电池

◆淄博存能经贸有限公司

地　　址:山东淄博市张店区金晶大道31号
电　　话:0533-3126995
传　　真:0533-3126995
网　　址:www.zbcunneng.com
主营业务:蓄电池

◆西安开元变压整流设备厂

地　　址:陕西省西安市任家口工业小区3号
电　　话:029-84415217
传　　真:029-84414426
网　　址:www.xa-ky.com
主营业务:充电机

◆深圳动力时代科技有限公司

地　　址:深圳市龙岗区坂田镇吉华路上雪科技工业城西区三号一栋
电　　话:0755-88847855
传　　真:0755-28197765
网　　址:www.cn.power-time.com
主营业务:充电桩、电容

8. 盾构油脂与泡沫剂

◆道达尔润滑油(中国)有限公司

地　　址:上海市西藏中路 268 号来福士广场 3803 ~ 3806 室
电　　话:021-23202000
传　　真:021-23202001
网　　址:www.total-lub.com.cn
主营业务:盾尾油脂

◆壳牌(中国)有限公司

地　　址:北京市朝阳区建国门外大街 1 号国贸大厦 B 座 30 层
电　　话:010-65296616
传　　真:010-65296666
网　　址:www.shell.com.cn
主营业务:盾尾油脂

◆虎牌石油(中国)有限公司

地　　址:宁波市鄞州经济开发区鄞东北路 177 号
电　　话:0574-87379555
传　　真:0574-87721326
网　　址:www.tigerpetroleum.cn
主营业务:主轴密封润滑脂、盾尾密封脂

◆上海合盛贸易有限公司(康达特代理商)

地　　址:上海市共和路 268 号企业广场 316 室
电　　话:021-62667673
传　　真:021-62661079
网　　址:www.hersheng.net
主营业务:密封油脂、泡沫润滑剂等

◆沈阳鑫山盟建材有限公司

地　　址:沈阳市和平区市府大路 168 号华姿国际大厦 D 座 1101
电　　话:024-82914557
传　　真:024-82914557-816
网　　址:www.sysam-tech.com
主营业务:泡沫剂、油脂

◆北京合东双科技有限公司

地　　址:北京市海淀区显龙山路 19 号 B 座 213、215 室
电　　话:010-62960352
传　　真:010-62960352
网　　址:www.hedongshuang.com
主营业务:盾尾油脂、泡沫剂

◆四川化建机电有限公司

地　　址:四川省成都市武侯区龙腾东路 2 号 518 室
电　　话:028-85558198
主营业务:泡沫剂、盾尾油脂

◆东莞市明洁隧道建设材料有限公司

地　　址:东莞市常平镇袁山贝村富民路 85 号 B 厂房
电　　话:0769-82827691
传　　真:0769-82827660
网　　址:www.dgmjsd.com
主营业务:盾尾密封油脂、泡沫剂

◆北京高新市政工程科技有限公司

地　　址:北京市海淀区杏石口路甲 40 号
电　　话:010-88463692
传　　真:010-88463692
邮　　箱:gaoxinshizhengkeji@163.com
主营业务:盾尾密封油脂、泡沫剂

◆南通盘天新材料有限公司

地　　址:江苏省启东市高新技术产业开发区聚海路 18-1 号
电　　话:13671948687
传　　真:0513-83921098
网　　址:www.shop1456419495635.1688.com
主营业务:盾尾油脂、泡沫剂

◆湖北博腾新材料有限公司

地　　址:湖北省公安县孱陵大道 26 号
电　　话:027-87866680
传　　真:027-87866672
网　　址:www.botton.net.cn
主营业务:盾尾密封油脂、泡沫剂

◆中铁十六局集团物资贸易有限公司工业分公司

地　　址:北京市朝阳区东坝红花松园北里 2 号院 22 号楼
电　　话:010-51883062
主营业务:盾尾油脂、泡沫剂

◆任丘市华北油田金凯隆石油助剂有限公司

地　　址:河北省任丘市大征工业区
电　　话:0317-2721028
传　　真:0317-2721028
网　　址:www.hyjkl.net
主营业务:盾尾油脂、泡沫剂

◆日本松村石油株式会社香港公司

地　　址:1510 Tower 2 Metroplaza 223, Hing Fong Road, Kwai Chung, N.T., Hong Kong
电　　话:+852-24268388,+852-24197272
网　　址:www.moresco.co.jp
主营业务:盾尾油脂、泡沫剂

◆雄县天立宏工程助剂有限公司

地　　址:河北省雄县西侯留村
电　　话:0312-5863366
主营业务:盾尾油脂、泡沫剂

◆北京铁五院工程机械有限公司

地　　址:北京市大兴区工业开发区科苑路 18 号
电　　话:010-89230536
网　　址:www.t5yjx.net
主营业务:盾尾油脂、泡沫剂

◆江苏蜜蜂熊信息科技有限公司

地　　址:江苏省昆山市花桥镇金中路89号
电　　话:13671948687
主营业务:渣土改良剂生产设备

◆北京国富通泰科技发展有限公司

地　　址:北京市大兴区广茂大街泰中花园5-1205
电　　话:010-60216944
网　　址:www.bjgfttkjfz.china.herostart.com
主营业务:盾尾油脂、泡沫剂

◆山东天佑隧道工程设备有限公司

地　　址:山东省聊城市经济开发区
电　　话:0635-8368869
传　　真:0635-8368869
网　　址:www.sdtysd.com
主营业务:盾尾油脂、泡沫剂

◆中铁建华南建设(广州)高科技产业有限公司

地　　址:广州市南沙区万顷沙镇新安村沥心沙东路与万环西路交叉口
电　　话:020-39011460
传　　真:020-39011460
主营业务:盾尾油脂、泡沫剂、盾构注浆用干混砂浆

◆珠海桦泽工业有限公司

地　　址:珠海市高栏港经济区精细化工专区南海港西路
电　　话:0756-7716978
传　　真:0756-7715978
网　　址:www.huaze.tm
主营业务:盾尾油脂、泡沫剂

9. 土体改良材料(分散剂、聚合物等)

◆中华优固企业集团

地　　址:杭州市萧山区太古广场1幢906室
电　　话:0373-8791368
传　　真:0373-8791898
网　　址:www.u-good.com
主营业务:克泥效

◆福建中天交通工程技术服务有限公司

地　　址:福建省福州市马尾区湖里路27号1号楼2-12U室(自贸试验区内)
电　　话:0731-89783591
传　　真:0731-89713543
网　　址:www.fjztjt.com
主营业务:克泥效

◆佛山市泰迪斯材料有限公司

地　　址:广州市荔湾区浣花路临时53-57号
电　　话:020-81691277
传　　真:020-81691694
主营产品:衡盾泥

◆沈阳鑫山盟建材有限公司

地　　址:沈阳市和平区市府大路168号华姿国际大厦D座1101
电　　话:024-82914557
传　　真:024-82914557-816
网　　址:www.sysam-tech.com
主营产品:土体改良材料

◆四川化建机电有限公司

地　　址:四川省成都市武侯区龙腾东路2号518室
电　　话:028-85558198
主营业务:土体改良材料

◆东莞市明洁隧道建设材料有限公司

地　　址:东莞市常平镇袁山贝村富民路85号B厂房
电　　话:0769-82827691
传　　真:0769-82827690
网　　址:www.dgmjsd.com
主营业务:土体改良材料

◆雄县天立宏工程助剂有限公司

地　　址:河北省雄县西侯留村
电　　话:0312-5863366
主营业务:土体改良材料

◆东莞市顺富通隧道建设材料有限公司

地　　址:东莞市企石镇莫屋工业区
电　　话:0769-82632396
传　　真:0769-86730969
网　　址:www.dgsft.com
主营业务:土体改良材料

10. 油品类(润滑油、液压油、齿轮油等)

◆埃克森美孚(中国)投资有限公司

地　　址:上海市天钥桥路30号美罗大厦17层
电　　话:021-34116000
传　　真:021-24076070
网　　址:www.mobiloil.com.cn
主营业务:润滑油、液压油、齿轮油

◆壳牌(中国)有限公司

地　　址:北京市朝阳区建国门外大街1号国贸大厦B座30层
电　　话:010-65296616
传　　真:010-65296666
网　　址:www.shell.com.cn
主营业务:润滑油、液压油、齿轮油

◆道达尔润滑油(中国)有限公司

地　　址:上海市西藏中路 268 号来福士广场 3803~3806 室
电　　话:021-23202000
传　　真:021-23202001
网　　址:www. total-lub. com. cn
主营业务:润滑油、液压油、齿轮油

◆碧辟(中国)投资有限公司

地　　址:北京市朝阳区东三环中路 1 号环球金融中心西塔 20 层
电　　话:010-65893888
传　　真:010-85879711
网　　址:www. bp. com
主营业务:润滑油、液压油、齿轮油

◆中国石化润滑油有限公司/长城润滑油

地　　址:北京市海淀区安宁庄西路 6 号
电　　话:400-810-9886
传　　真:010-62917732
网　　址:www. sinolube. com
主营业务:润滑油

◆中国石油润滑油公司/昆仑润滑油

地　　址:北京市朝阳区太阳宫金星园 8 号楼(中油昆仑大厦)A 座 17 层
电　　话:010-89258898
传　　真:010-63592230
网　　址:www. kunlunlube. cnpc. com. cn
主营业务:润滑油

◆上海纳克润滑技术有限公司

地　　址:上海市浦东新区中科路 699 号惠生大厦 C 栋 11 层
电　　话:021-58585556
传　　真:021-58585337
网　　址:www. nacolube. com
主营业务:润滑油、润滑脂

◆苏州安特威润滑油有限公司

地　　址:江苏省苏州市工业园区瑞苏科技园 1 幢 107 室
电　　话:0512-65855311
传　　真:0512-65855322
网　　址:www. atwshell. com
主营业务:润滑油

◆任丘市信达化工科技有限公司

地　　址:河北任丘市雁翎工业区
电　　话:0317-2616686
传　　真:0317-2616686
网　　址:www. xinda-chemical. com
主营业务:润滑油

◆新西兰埃尔科石油化工有限公司

地　　址:广州东风东路 836 号东骏广场二座 10 层
电　　话:020-38807178
传　　真:020-38805628
网　　址:www. nz-elco. com
主营业务:润滑油

◆虎牌石油(中国)有限公司

地　　址:宁波市鄞州经济开发区鄞东北路177号
电　　话:0574-87379555
传　　真:0574-87721326
网　　址:www. tigerpetroleum. cn
主营业务:润滑脂、液压油、齿轮油

◆北京高新市政工程科技有限公司

地　　址:北京市海淀区杏石口路甲40号
电　　话:010-88463692
传　　真:010-88463692
邮　　箱:gaoxinshizhengkeji@163. com
主营业务:盾尾密封油脂、泡沫剂

11. 管片螺栓、管片预埋件、防水材料

(1)管片螺栓

◆中铁十六局集团物资贸易有限公司工业分公司

地　　址:北京市朝阳区东坝红花松园北里2号院22号楼
电　　话:010-51883062
主营业务:管片螺栓

◆北京远航橡胶制品有限责任公司

地　　址:北京市怀柔区杨宋镇凤翔东大街11号
电　　话:010-61678438
网　　址:www. 7203315. 1024sj. com
主营业务:管片螺栓

◆奉化市兴维机械制造有限公司

地　　址:浙江省奉化市萧王庙街道大埠工业区
电　　话:0574-88833887
网　　址:www. fenghua07673. 11467. com
主营业务:螺栓、紧固件

◆河北邯郸诚信紧固件制造有限公司

地　　址:河北省邯郸市永年县名鸡路魏庄工业区
电　　话:0310-5139125
传　　真:0310-6708127
网　　址:www. admpn899. shop. ttzcw. com
主营业务:螺栓

◆河北省永年瑞杰紧固件制造有限公司

地　　址:永年县河北铺工业区
电　　话:0310-6892625,8303025
传　　真:0310-6892625
网　　址:www. st-bzj. com
主营业务:地铁专用连接螺栓、管片连接螺栓、高铁螺栓

◆太仓中博铁路紧固件有限公司

地　　址:江苏太仓市沙溪工业园陶湾中心路88号
电　　话:0512-53208506
传　　真:0512-53371080
网　　址:www. xuehfei. 1688. com
主营业务:铁路紧固件、铁路专用设备

◆中铁隧道局集团有限公司设备分公司

地　　址：河南省洛阳市老城区状元红路 3 号隧道局设备分公司
电　　话：0379-62633192
传　　真：0379-62633024
网　　址：www. ctg-zysb. com
主营业务：管片螺栓

（2）管片预埋件

◆哈芬集团

地　　址：北京市朝阳区朝阳门外大街甲 6 号万通中心 D 座 601 室
电　　话：010-59073200
传　　真：010-59073218
网　　址：www. halfen. com/cn
主营业务：预埋槽道

◆江苏远兴环保集团有限公司

地　　址：江苏省宜兴市新街街道百合工业区远兴集团
电　　话：0510-87131111
传　　真：0510-87138713
网　　址：www. jsyxep. com
主营业务：预埋槽道

◆山东天盾矿用设备有限公司

地　　址：山东省聊城市阳谷县侨润办事处祥光经济开发区
电　　话：0635-2157968
传　　真：0635-2157189
网　　址：www. chinatiandun. com
主营业务：预埋槽道

◆中石化石油机械股份有限公司

地　　址：武汉市东湖新技术开发区庙山小区华工园一路 5 号
电　　话：0728-6518085
传　　真：027-87924886
主营业务：预埋槽道

◆江苏华彤新能源科技有限公司

地　　址：江苏省泰州市姜堰区顾高镇工业集中区 88 号
电　　话：0523-88573002
传　　真：0523-88573004
网　　址：www. jshtxny. com
主营业务：预埋槽道

◆山东安泰克工程材料有限公司

地　　址：山东省青岛市即墨市北安街道办事处西戈庄村
电　　话：0532-89069211
传　　真：0532-89069211
网　　址：www. anteky. com
主营业务：预埋槽道

(3)防水材料

◆西北橡胶塑料研究设计院有限公司

地　　址:陕西省咸阳市秦都区西华路2号
电　　话:029-33621344
传　　真:029-33621360
网　　址:www. xbxj. chemchina. com
主营业务:管片止水条等防水材料

◆江阴海达橡胶股份有限公司

地　　址:江苏省江阴市周庄镇云顾路585号
电　　话:0510-68978652
传　　真:0510-86221405
网　　址:www. haida. cn
主营业务:管片止水条等防水材料

◆上海彭浦橡胶制品有限公司

地　　址:上海市江场西路1577弄E座三楼
电　　话:021-56689222
传　　真:021-66518115
网　　址:www. shpengpurubber. com. cn
主营业务:管片止水条等防水材料

◆上海长宁橡胶制品厂有限公司

地　　址:上海市中山西路1279弄2号
电　　话:021-32092098
传　　真:021-32092215
网　　址:www. changning-rubber. com. cn
主营业务:管片止水条等防水材料

◆宜兴市金霸土工合成材料有限公司

地　　址:江苏宜兴经济开发区诸桥路16号
电　　话:0510-87961093
传　　真:0510-87980976
网　　址:www. jsjinba. com
主营业务:管片止水条等防水材料

◆上海紫江橡胶制品有限公司

地　　址:上海市闵行区沪闵路5688号
电　　话:021-64887900
传　　真:021-64880104
网　　址:www. 6013719. czvv. com
主营业务:管片止水条等防水材料

12. 盾构特种材料(金属和耐磨钢板等)

◆厦门金鹭特种合金有限公司

地　　址:厦门市同安工业集中园集成路1601-1629号
电　　话:0592-2650635
传　　真:0592-2650635
网　　址:www. gesac. com. cn
主营业务:硬质合金、刀具材料

◆春保森拉天时钨钢(上海)有限公司

地　　址:上海市松江区洞径镇洞径工业区洞库路51号
电　　话:021-67679401
传　　真:021-37679003
网　　址:www. cbcarbide. com
主营业务:硬质合金、刀具材料

◆瑞钢钢板(中国)有限公司

地　　址:江苏省昆山市玉山镇元丰路 123 号
电　　话:0512-50128100
传　　真:0512-50128100
网　　址:www. ssab. com
主营业务:硬质合金、刀具材料

◆株洲硬质合金集团有限公司

地　　址:湖南省株洲市钻石路 288 号
电　　话:0731-28260305
传　　真:0731-28162777
网　　址:www. 601. cn
主营业务:硬质合金材料

◆西宁特殊钢股份有限公司

地　　址:青海省西宁市城北区柴达木西路 52 号
电　　话:0971-5299186
传　　真:0971-5293437
网　　址:www. xntg. com
主营业务:特种钢、精品特钢

◆株洲精特硬质合金有限公司

地　　址:湖南株洲市天元区长江南路 3 号
电　　话:0731-28107372
传　　真:0731-28335230
网　　址:www. gtcarbide. com
主营业务:硬质合金刀具、硬质合金材料

◆济南新宇硬质合金有限公司

地　　址:章丘市高官寨镇中孟村
电　　话:0531-83585858
网　　址:www. jnyzhj. com
主营业务:盾构刀具类合金

◆浙江恒成硬质合金有限公司

地　　址:浙江省东阳市城南西路 312 号
电　　话:0579-86180333
传　　真:0579-86814559
网　　址:www. hccarbide. com
主营业务:盾构刀具、棒材、线材等

◆帮采科技(天津)有限公司

地　　址:天津市和平区南京路 189 号津汇广场 2 座 29 层
电　　话:13612070231
网　　址:www. novosourcing. com
主营业务:合金耐磨片

六、盾构服务企业

1. 盾构吊装及运输

◆北京华晨益吊装运输有限公司

地　　址:北京市大兴区魏善庄镇查家马坊
电　　话:010-89230386,89230385
传　　真:010-89230385
网　　址:www. bjhcydz. com
主营业务:盾构吊装及运输

◆河南三超货物运输有限公司

地　　址:河南郑州市惠济区花园口镇申庄村
电　　话:0371-65633093
传　　真:0371-65633093
主营业务:盾构吊装及运输

◆广东力福丁工业设备安装有限公司

地　　址:广州市荔湾区浣花路 109 号 8145 室
电　　话:020-81499827
网　　址:www. gdlfd. cn
主营业务:盾构吊装及运输

◆大连佳辉物流有限公司

地　　址:大连市中山区人民路 85 号国运大厦 2901-03 室
电　　话:0411-82775801
传　　真:0411-82775803
网　　址:www. oceanfavor. com
主营业务:盾构运输与工程物流

◆广东力特工程机械有限公司

地　　址:广东省广州市黄埔红荔路动力大厦 B 座 5 楼
电　　话:020-82094270
传　　真:020-82217562
网　　址:www. gdlift. com
主营业务:盾构吊装及运输

◆合肥市丰力起重吊装有限公司

地　　址:安徽省合肥市裕溪路 321 号
电　　话:0551-64539098
传　　真:0551-64539098
网　　址:www. ahfengliqz. com
主营业务:盾构吊装及运输

◆广州每日物流管理技术有限公司

地　　址:广州市经济技术开发区青年路西区沙弯二街 13-15 号留学人员广州创业员 3 号楼 6 楼
电　　话:020-82229522
传　　真:020-82226562
网　　址:www. 365today. com. cn
主营业务:盾构运输与工程物流

◆上海鲁重工程机械有限公司

地　　址:上海市金山区漕泾镇浦卫公路 10864 号
电　　话:021-67220555
网　　址:www. zglz999. com
主营业务:盾构吊装

◆四川青龙特种工程有限公司

地　　址：成都市新都区凌波西路 209 号
电　　话：028-83933508
传　　真：028-83933508
网　　址：www. sc-lf. com
主营业务：盾构吊装

◆成都巨象设备吊装工程有限公司

地　　址：四川省成都市龙泉驿区经开区车城东 6 路 379 号
电　　话：028-84133055
传　　真：028-84133055
网　　址：www. cdjxdz. com
主营业务：盾构吊装

◆上海山福起重运输有限公司

地　　址：上海市崇明县堡镇镇新港路
电　　话：021-66831825
传　　真：021-66831825
网　　址：www. sf66. net. cn
主营业务：盾构运输与工程物流

◆华贸供应链武汉有限公司

地　　址：武汉市武汉吴家山台商投资区高桥产业园台中大道特 1 号
电　　话：027-85559932
网　　址：www. hmgylwhyxgs. 21hubei. com
主营业务：盾构运输与工程物流

◆上海励志工程建设有限公司

地　　址：上海市金山区龙胜路 540 号圣普商办楼 502 室
电　　话：021-57968504
传　　真：021-57968504
网　　址：www. leeds-sh. com
主营业务：盾构吊装

◆北京同合吊装有限公司

地　　址：北京市朝阳区东坝乡单店村 368 号北门
电　　话：010-51200997
传　　真：010-51200997
主营业务：盾构吊装及运输

◆陕西德辉实业发展有限公司

地　　址：西安市石化大道北徐什字南段邓六路 558 号
电　　话：029-84361669
传　　真：029-84361669
网　　址：www. sxdehui. com
主营业务：盾构吊装及运输

◆深圳市粤润通吊装运输有限公司

地　　址：深圳市宝安区石岩街道料坑新村 9 号 302 室
电　　话：0755-27458341
传　　真：0755-27458341
主营业务：盾构吊装及运输

2. 盾构劳务及技术服务

◆中隧隧盾国际建设工程有限公司

地　　址:北京市昌平区北七家定泗路88号
电　　话:010-80782784
传　　真:010-80782984
网　　址:www. ctsic. com
主营业务:盾构劳务及技术服务

◆中铁工程服务有限公司

地　　址:成都市金牛区金凤凰大道666号中铁轨道交通高科技产业园A11栋二单元
电　　话:028-83571008
传　　真:028-83571008
网　　址:www. cresc. cn
主营业务:施工技术服务(包括专业分包、劳务分包等)

◆福建中天交通工程技术服务有限公司

地　　址:福建省福州市马尾区湖里路27号1号楼2-12U室(自贸试验区内)
电　　话:0731-89783591
传　　真:0731-89713543
网　　址:www. fjztjt. com
主营业务:盾构劳务及技术服务

◆北京盾通达科技服务有限公司

地　　址:北京市门头沟区石龙经济开发区永安路20号3号楼B1-5217室
电　　话:13601391668
主营业务:盾构劳务及技术服务

◆北京京菏磐石建设工程有限公司

地　　址:北京市丰台区大红门锦苑6号院
电　　话:010-53683645
主营业务:盾构劳务及技术服务

◆成都万丰友和劳务有限公司

地　　址:成都高新区新光路32号1层
电　　话:13311557825
主营业务:盾构劳务及技术服务

◆广州吉原交通工程技术有限公司

地　　址:广州市番禺区东环街迎宾路730号番禺节能科技园内天安科技创业中心610
电　　话:020-39211656
传　　真:020-39211659
网　　址:www. jointech. net. cn
主营业务:盾构劳务及技术服务

◆泰通建设集团有限公司

地　　址:大连市甘井子区辛寨子街道春田园C-7座
电　　话:0411-86778151
传　　真:0411-86778152
网　　址:www. tastod. com
主营业务:施工总承包、专业分包

◆北京赛瑞斯国际工程咨询有限公司

地　　址:北京市丰台区总部基地海鹰路6号院5号楼
电　　话:010-52256122
传　　真:010-83534116
网　　址:www. bjceris. com. cn
主营业务:工程咨询

◆中源万达(北京)建设工程有限公司

地　　址:北京市昌平区天通中苑二区42号
手　　机:13701206312
电　　话:010-84820686
邮　　箱:zhongyuanwanda@ yeah. net
主营业务:地基基础、注浆加固

◆天津荣鑫工程技术有限公司公司

地　　址:天津市武清区
联 系 人:温彦生
电　　话:17600370385
主营业务:盾构机维修改造、劳务及技术服务

◆北京瑞威世纪铁道工程有限公司

地　　址:北京市海淀区羊坊店路18号光耀东方广场N1116室
电　　话:010-82113702,13146733699
邮　　箱:zhangjc@ bjrw163. com
网　　址:www. bjrwsj. com. cn
主营业务:盾构劳务及技术服务

◆北京京合顺通隧道工程有限公司

地　　址:北京市大兴区西红门镇嘉悦广场3号楼1315室
电　　话:010-80220862
传　　真:010-80220931
主营业务:盾构劳务及技术服务

◆淮安市中球盾构技术服务有限公司

地　　址:淮阴区国际农贸城C5幢303室
电　　话:0517-84518259
传　　真:0517-84518259
网　　址:www. zqtbmtc. com
主营业务:专业钢套筒(盾构始发接收装置)

◆中铁隧道局集团有限公司设备分公司

地　　址:河南省洛阳市老城区状元红路3号隧道局设备分公司
电　　话:0379-62633192
传　　真:0379-62633024
网　　址:www. ctg-zysb. com
主营业务:技术服务

◆北京中煤矿山工程有限公司

地　　址:北京市朝阳区和平里青年沟路5号
电　　话:010-84263080
网　　址:www. beijing058501. 11467. com
主营业务:工程咨询

3. 盾构机及相关设备租赁

◆中铁建特种装备工程有限公司

地　　址：长沙经济技术开发区东七路 88 号
电　　话：0731-84071864
主营业务：盾构设备租赁

◆沈阳盾构设备工程有限公司

地　　址：辽宁省沈阳市沈河区惠工街泽工南巷 20 号
电　　话：024-22722323
传　　真：024-22722323-820
主营业务：盾构设备（含配套设备）租赁

◆中铁工程服务有限公司

地　　址：成都市金牛区金凤凰大道 666 号中铁轨道交通高科技产业园 A11 栋二单元
电　　话：028-83571008
传　　真：028-83571008
网　　址：www. cresc. cn
主营业务：装备管理技术服务

◆辽宁三三工业有限公司

地　　址：辽宁辽阳向阳工业园区鞍阳街 33 号
电　　话：0419-7182999
传　　真：0419-7183999
网　　址：www. lnsstbm. com
主营业务：盾构机租赁

◆杭州中诚装备服务股份有限公司

地　　址：杭州市西湖区转塘街道创意路 2 号凤凰创意大厦 3A9 楼
电　　话：0571-86619621
传　　真：0571-86619801
主营业务：盾构机、门式起重机、塔机等设备租赁

◆秦皇岛天工重工有限公司

地　　址：秦皇岛市经济技术开发区黑龙江西道 18 号
电　　话：0335-5302117
网　　址：www. tolian-tech. com
主营业务：盾构设备租赁

◆四川锦绣山河交通工程有限公司

地　　址：四川成都市金牛区凤凰大道 666 号中铁轨道交通高科技产业园 B 区 12 栋
电　　话：028-87050532
网　　址：www. jinxiujiaotong. com
主营业务：盾构设备租赁

◆北京京合顺通隧道工程有限公司

地　　址：北京市大兴区西红门镇嘉悦广场 3 号楼 1315 室
电　　话：010-80220862
传　　真：010-80220931
主营业务：盾构设备租赁

◆徐工集团凯宫重工南京有限公司

地　　址:南京市江宁区滨江开发区广济路189号
电　　话:025-84913673
传　　真:025-84913673
网　　址:www. kgheavy. com
主营业务:盾构设备租赁

◆浙江物产工程技术服务有限公司

地　　址:浙江省杭州市下城区庆春路29号19层
电　　话:0571-86611227
网　　址:www. wzets. com
主营业务:盾构设备租赁

4. 盾构机配件经销商

◆北京晋太机械设备有限公司

地　　址:北京市门头沟区石龙经济开发区
电　　话:010-60869207
网　　址:www. cbeijingjintaijixie. cdgtw. net
主营业务:盾构机配件经销

◆成都合瑞达机电设备有限公司

地　　址:成都市金牛区金牛坝路4号数码港五金机电城10栋2号
电　　话:028-64600099
网　　址:www. shop1486709752109. 1688. com/page/creditdetail. html
主营业务:润滑油、油脂泵等产品经销

◆河北轩博液压机电设备有限公司

地　　址:石家庄市正定县中山西路151号
电　　话:18612816961
主营业务:液压油缸、液压泵站等销售

◆河南凯英蓝天能源科技有限公司

地　　址:郑州市金水东路49号绿地原盛国际3号楼A座11层136
电　　话:0371-65909922
传　　真:0371-65907378
网　　址:www. kylt666. com
主营业务:空压机及配套产品,盾构制冷系统、油脂泵、渣浆泵、泥浆软管等

◆广州浩卫机械设备有限公司

地　　址:广东省广州市黄埔区开发大道南天机械A7-68
电　　话:020-82553863
传　　真:020-82553863
网　　址:www. shop1431575305296. 1688. com
主营业务:盾构机配件经销

◆广州市昊瀚机电工程有限公司

地　　址:广州市黄埔区黄埔东路3889号玩具城10街128号
电　　话:020-82050075
网　　址:www. gzhaohan. cn
主营业务:盾构机配件销售

附录 1　中国盾构工程建设管理单位

单位名称	地址	网址
北京轨道交通建设管理有限公司	北京市丰台区角门 北京轨道交通建设管理有限公司	www. bjgdjs. com
北京城市快轨建设管理有限公司	北京市东城区东直门外大街 39 号院 2 号楼 7 层	
上海申通地铁集团有限公司	上海市桂林路 909 号	www. shmetro. com
广州地铁集团有限公司	广州市海珠区新港东路 1238 号万胜广场 A 塔	www. gzmtr. com
深圳市地铁集团有限公司	深圳市福田区福中一路 1016 号地铁大厦	www. szmc. net
天津轨道交通集团有限公司	天津市西青区才智道 36 号华苑车辆段	www. tjgdjt. com/index. htm
南京地铁集团有限公司	江苏省南京市玄武区中山路 228 号	www. njmetro. com. cn
成都轨道交通集团有限公司	成都市高新区天府大道中段 396 号	www. chengdurail. com
武汉地铁集团有限公司	武汉市洪山区欢乐大道 77 号	www. wuhanrt. com
苏州市轨道交通集团有限公司	苏州市干将西路 668 号	www. sz-mtr. com
合肥城市轨道交通有限公司	安徽省合肥市阜阳路 17 号	www. hfgdjt. com
沈阳地铁集团有限公司	沈阳市沈河区东滨河路 28-3 号	www. symtc. com
南昌轨道交通集团有限公司	江西省南昌市红谷滩新区 丰和中大道地铁大厦	www. ncmtr. com
郑州市轨道交通有限公司	郑州市郑东新区康宁街 100 号	www. zzmetro. cn
长沙市轨道交通集团有限公司	长沙市雨花区杜花路 166 号	www. hncsmtr. com
佛山市轨道交通发展有限公司	佛山市禅城区魁奇二路佛山地铁湾华控制中心	www. fmetro. net
杭州市地铁集团有限责任公司	杭州市江干区九和路 516 号	www. hzmetro. com
福州市城市地铁有限责任公司	福州市达道路 156 号福州市轨道 交通指挥中心	www. fzmtr. com
昆明轨道交通集团有限公司	盘龙区北京路 915 号	www. kmgdgs. com

续上表

单位名称	地址	网址
济南轨道交通集团有限公司	济南市高新区舜泰广场 2 号楼 19 层	www. jngdjt. cn
南宁轨道交通集团有限责任公司	广西南宁市云景路 69 号南宁市轨道交通运营控制中心综合调度指挥大楼	www. nngdjt. com
贵阳市城市轨道交通有限公司	贵阳市观山湖区龙滩坝路贵阳地铁·迈德国际 A1 栋	www. gyurt. com
无锡地铁集团有限公司	无锡市梁溪区清扬路 228 号地铁大厦	www. wxmetro. net
大连地铁有限公司	大连市中山区保定北街 1 号	www. dlsubway. com. cn
青岛地铁集团有限公司	山东省青岛市崂山区深圳路 99 号青岛地铁应急指挥中心	www. qd-metro. com
东莞市轨道交通有限公司	东莞市南城区东莞大道 116 号	www. dggdjt. com
石家庄市轨道交通有限责任公司	石家庄市裕华区秦岭大街 116 号	www. sjzmetro. cn
兰州市轨道交通有限公司	甘肃省兰州市城关区东岗东路 55 号	www. lzgdjt. com
广东广佛轨道交通有限公司	佛山市南海区广佛地铁夏南综合基地	www. guangfometro. cn
太原市轨道交通发展有限公司	山西省太原市迎泽区解放南路 2 号景峰国际 17 层	www. tymetro. ltd
温州市铁路与轨道交通投资集团有限公司	浙江省温州市鹿城区南汇街道温州大道 2305 号	www. wzmtr. com
常州市轨道交通发展有限公司	常州市天宁区中吴大道 1259 号	www. czmetro. net. cn
厦门轨道交通集团有限公司	厦门市思明区厦禾路 1236-1238 号	www. xmgdjt. net
乌鲁木齐城市轨道集团有限公司	乌鲁木齐市经济技术开发区(头屯河区)嵩山街北二巷 257 号	www. urumqimtr. com
徐州市城市轨道交通有限责任公司	江苏省徐州市和平大道 126-9 号地铁大厦	www. xzgdjt. com
长春市轨道交通集团	长春市南关区华庆路 999 号	
西安市轨道交通集团有限公司	西安市经济技术开发区凤城八路 126 号	www. xianrail. com
宁波市轨道交通集团有限公司	浙江省宁波市宁穿路 3399 号	www. nbmetro. com
哈尔滨地铁集团有限公司	哈尔滨市南岗区西大直街 357 号	www. harbin-metro. com

续上表

单 位 名 称	地　　址	网　　址
呼和浩特市城市轨道交通建设管理有限责任公司	内蒙古自治区呼和浩特市赛罕区机场路104号地铁控制中心	www.hhhtmetro.com/org/platform
重庆市轨道交通(集团)有限公司	重庆市渝北区金开大道西段重庆轨道交通大竹林基地	www.cqmetro.cn
洛阳市轨道交通有限责任公司	洛阳市经济技术开发区开元大道56号	www.lysubway.com.cn
南通城市轨道交通有限公司	南通市崇川区工农南路150号-1 11楼	
台州市轨道交通集团有限公司	台州市椒江区广场南路50弄1号金顺大厦5楼	
广西柳州市轨道交通投资发展集团有限公司	广西壮族自治区柳州市东环大道232号之一	www.gxlzgdjt.com
芜湖市轨道交通有限公司	芜湖经济技术开发区汽经一路5号	
绍兴市轨道交通集团有限公司	绍兴市越城区车站路216号绍兴火车站综合楼3楼	www.sxsmtr.cn
西咸新区轨道交通投资建设有限公司	陕西省西咸新区沣东新城世纪大道红星软香酥新产品研制展销大楼7层	

附录 2　中国盾构工程施工单位

公司名称	地　址	网　址
中国中铁一局集团有限公司	陕西省西安市雁塔北路 1 号	www. crfeb. com. cn
中国中铁二局集团有限公司	四川省成都市马家花园路 10 号	www. 2j. crec. cn
中国中铁三局集团有限公司	山西省太原市迎泽大街 269 号	www. ztsj. com
中国中铁四局集团有限公司	安徽省合肥市望江东路 96 号	www. crec4. com
中国中铁五局集团有限公司	湖南省长沙市雨花区韶山北路 309 号	www. ztwj. cn
中国中铁六局集团有限公司	北京市海淀区万寿路 2 号	www. crsg. com. cn
中国中铁七局集团有限公司	河南省郑州市航海东路 1225 号	www. crsg. cn
中国中铁八局集团有限公司	四川省成都市金牛区金科东路 68 号	www. cr8gc. com
中国中铁九局集团有限公司	辽宁省沈阳市和平区胜利南街 46 号	www. 9j. crec. cn
中国中铁十局集团有限公司	山东省济南市高新区舜泰广场 7 号楼	www. cr10g. com
中国中铁隧道集团有限公司	广东省广州市南沙区工业四路 2 号	www. crtg. com
中国中铁电气化局集团有限公司	北京市万寿路南口金家村一号	www. eeb. cn
中国铁建港航局集团有限公司	广东省珠海市前山翠峰街 189 号	www. hceb. crcc. cn
中国中铁上海工程局有限公司	上海市静安区江场三路 272、278 号	www. crecsh. com
中铁北京工程局集团有限公司	北京门头沟区玉带东二街 161 号	www. caccc. com. cn
中国铁建十一局集团有限公司	湖北省武汉市武昌区中山路 277 号	www. cr11g. com. cn
中国铁建十二局集团有限公司	山西省太原市西矿街 130 号	www. cr12g. com. cn
中国铁建大桥工程局集团有限公司	天津市空港经济区中环西路 32 号	www. cr13g. com
中国铁建十四局集团有限公司	山东省济南市历下区奥体西路 2666 号	www. crssg. com
中国铁建十五局集团有限公司	上海市静安区共和新路 666 号	www. cr15g. com
中国铁建十六局集团有限公司	北京市朝阳区红松园北里 2 号	www. cr16g. com. cn
中国铁建十七局集团有限公司	山西省太原市平阳路 84 号	www. zt17. com
中国铁建十八局集团有限公司	天津市河西区柳林东	www. cr18g. com
中国铁建十九局集团有限公司	北京市经济技术开发区荣华南路 19 号	www. cr19. com
中国铁建二十局集团有限公司	陕西省西安市太华北路 89 号	www. cr20g. com
中国铁建二十一局集团有限公司	甘肃省兰州市安宁区北滨河西路 921 号	www. cr21g. com. cn
中国铁建二十二局集团有限公司	北京市石景山区石景山路 35 号	www. cr22g. crcc. cn

续上表

公司名称	地址	网址
中国铁建二十三局集团有限公司	四川省成都市二环路西二段10号附1号	www. cr23g. com
中国铁建二十四局集团有限公司	上海市邯郸路8号	www. cr24b. com
中国铁建二十五局集团有限公司	广州市中山一路55号	www. zt25j. com
中铁建设集团有限公司	北京市石景山区石景山路20号	www. ztjs. net. cn
中国建筑一局(集团)有限公司	北京市丰台区西四环南路52号	www. cscec1b. net
中国建筑第三工程局有限公司	湖北省武汉市东湖高新区高新大道 799号中建光谷之星	www. cscec3b. com. cn
中国建筑第四工程局有限公司	广州市天河区科韵路16号 广州信息港B座4楼	www. 4bur. cscec. com
中国建筑第五工程局有限公司	湖南省长沙市中意一路158号	www. cscec5b. com. cn
中国建筑第六工程局有限公司	天津市塘沽区杭州道72号	www. 6bur. cscec. com
中国建筑第八工程局有限公司	上海市浦东新区世纪大道1568号	www. 8bur. cscec. com
中建交通建设集团有限公司	北京市海淀区西四环北路160号	www. comm. cscec. com
中交一公局集团有限公司	北京市朝阳区管庄周家井 世通国际大厦15至19层	www. fheb. cn
中交第二公路工程局有限公司	陕西省西安市科技六路33号	www. shbcccc. com
中交第三公路工程局有限公司	北京市东城区安定门外大街丙88号801	www. zjsgj. com. cn
中交第一航务工程局有限公司	天津市保税区跃进路航运服务中心8号楼	www. ccccyhj. com
中交第二航务工程局有限公司	湖北省武汉市东西湖区金银湖路11号	www. sneb. com. cn
中交第三航务工程局有限公司	上海市平江路139号	www. ccshj. com
中交第四航务工程局有限公司	广州市海珠区沥滘路368号 广州之窗总部大厦	www. cccc4. com
中交隧道工程局有限公司	北京市朝阳区利泽东二路2号院2号楼	www. ccteb. com
中国水利水电第三工程局有限公司	陕西省西安市浐灞区世博大道4069号	www. cteb. com
中国水利水电第四工程局有限公司	青海省西宁市昆仑东路77号	www. csdsj. com
中国水利水电第六工程局有限公司	辽宁省沈阳市浑南新区新隆街	www. 6j. powerchina. cn
中国水利水电第七工程局有限公司	四川省成都市天府新区 兴隆湖湖畔路南段356号	www. 7j. powerchina. cn
中国水利水电第八工程局有限公司	湖南省长沙市天心区常青路8号	www. baju. com. cn
中国水利水电第十工程局有限公司	四川省成都市十二桥路7号	www. 10j. powerchina. cn
中国水利水电 第十一工程局有限公司	河南省郑州市高新技术开发区莲花街59号	www. cwb11. com

续上表

公司名称	地址	网址
中国电建市政建设集团有限公司	天津市华苑产业区榕苑路2号	www. stecol. cn
中国水利水电 第十四工程局有限公司	中国(云南)自由贸易试验区 昆明片区官渡区环城东路192号	www. 14j. powerchina. cn
中煤矿山建设集团有限责任公司 (中煤三建)	安徽省合肥市政务区	www. ccmcgc. com
中煤第五建设集团有限责任公司	江苏省徐州市淮海西路241号	www. wujian. chinacoal. com
中煤特殊凿井有限责任公司	安徽省合肥市徽州大道110号	www. zmts. com
中冶建工集团有限公司	重庆市大渡口区西城大道1号	www. cmcctd. com
中冶天工集团有限公司	天津空港经济区西二道88号	www. ctmcc. cn
中国葛洲坝集团有限公司	湖北省武汉市解放大道558号	www. cggc. ceec. net. cn
北京建工集团有限责任公司	北京市西城区广莲路1号建工大厦	www. bcegc. com
北京城建集团有限责任公司	北京市海淀区北太平庄路18号	www. bucg. com
北京市政建设集团有限责任公司	北京市西城区复兴门外南礼士路17号	www. bmec. net
北京城乡建设集团有限责任公司	北京市丰台区草桥东路8号院7号楼	www. cxjt. bmrb. com. cn
北京住总集团有限责任公司	北京市朝阳区慧忠里220号	www. bucc. cn
北京市政路桥集团有限公司	北京市西城区复兴门外南礼士路17号	www. bmrb. com. cn
北京城建道桥建设集团有限公司	北京市朝阳区西大望路12号	www. bucgdq. cn
上海建工集团股份有限公司	上海市东大名路666号	www. scg. com. cn
上海市基础工程集团有限公司	上海市江西中路406号	www. sfeg. cc
上海隧道工程股份有限公司	上海市宛平南路1099号	www. stec. net
上海市机械施工集团有限公司	上海市闸北区洛川中路701号	www. chinasmcc. com
上海地铁盾构设备工程有限公司	上海市淮海中路1298号4楼	www. metroshield. com
上海磁浮交通发展有限公司	上海市浦东龙阳路2100号	www. smtdc. com
上海城建(集团)公司	上海市徐汇区宛平南路1099号	www. sucgcn. com
上海城建市政工程(集团)有限公司	上海市交通路1565号	www. sucgm. com
广东水电二局股份有限公司	广州市增城区新塘镇广深大道 西1号1栋水电广场A-1商务中心	www. gdsdej. com
广东省基础工程集团有限公司	广州市天河路99号天涯楼19、20层	www. gdjc. net
广东华隧建设股份有限公司	广东省广州市花都区新华街迎宾大道 95号交通局大楼13楼1308室	www. ctc-cngd. com
广州市盾建地下工程有限公司	广州市越秀区越华路珠江国际大厦1201室	www. dunjian. com

续上表

公司名称	地址	网址
天津城建集团有限公司 工程总承包公司	天津市河西区资水道26号	www. tj-cjzb. com
天津城建集团有限公司	天津市南开区鞍山西道260号	www. tjuc. cn
天津市建工集团(控股)有限公司	天津市华苑产业区开华道1号	www. tjcon. cn
湖北省路桥集团有限公司	湖北省武汉经济技术开发区东风大道38号	www. hblq. com
武汉船用机械有限责任公司	湖北省武汉市青山区武东街九号	www. wmmp. com. cn
武汉市市政建设集团有限公司	湖北省武汉市沌口经济开发区春晓路6号	www. whszjt. com
武汉市汉阳市政建设集团公司	湖北省武汉市汉阳区罗七北路12号 金龙公馆写字楼18-20楼	www. whhysz. com
郑州一建集团公司	郑州市郑东新区龙子湖智慧岛尚贤街6号 利丰国际大厦	www. zzyjjt. com
重庆建工集团有限责任公司	重庆市北部新区金开大道1596号	www. ccegc. cn
沈阳市政集团有限公司	辽宁省沈阳市铁西区北一西路52号 甲金谷财富公馆34号楼	www. sysz. cn
西安市市政建设(集团)有限公司	陕西省西安市环城南路中段20号	www. xaszg. com
陕西建工集团	陕西省西安市北大街199号	www. shxi-jz. com
西安市政道桥建设有限公司	陕西省西安市二环北路西段29号	www. xasz. com. cn
海南省路桥投资建设有限公司	海南省海口市龙华区滨涯路55号 晓云国际2号楼9-16楼	www. hnslq. com
湖南路桥建设集团有限责任公司	湖南省长沙市韶山南路239号	www. hnrb. cn
中铁隆工程集团有限公司	四川省成都市武科西二路189号	www. ranken. com. cn
四川锦绣山河交通工程有限公司	四川省成都市金牛区金凤凰大道666号 中铁轨道交通高科技产业园B区12栋	www. jinxiujiaotong. com
腾达建设集团股份有限公司	浙江省台州市路桥区路桥大道东1号	www. tengdajs. com
浙江省大成建设集团有限公司	浙江省杭州市文三路20号省建工大厦18楼	www. zjdcg. com
中天建设集团有限公司	浙江省杭州钱江新城城星路69号 中天国开大厦	www. zjzhongtian. com

附录3　中国盾构工程勘察设计单位

单位名称	地　　址	网　　址
北京城建设计发展集团	北京市西城区阜成门北大街五号	www. bjucd. com
北京城市规划设计研究院	北京南礼士路60号	www. bjghy. com. cn
北京市轨道交通建设管理有限公司	北京市丰台区角门	www. bjgdjs. com
北京市勘察设计研究院有限公司	北京复兴门外羊坊店路15号	www. bgi. com. cn
北京市政工程设计研究总院	北京市海淀区西直门北大街32号3号楼（市政总院大厦）	www. bmedi. cn
常州规划设计院	常州市通江南路257号	www. czpad. com
重庆市轨道交通设计研究院	金童路轻轨童家院子综合基地	www. crtdri. com
广州地铁设计研究院有限公司	广州市环市西路204号	www. dtsjy. com
湖北省交通规划设计院	湖北省武汉市汉阳区龙阳大道7号	www. hbcpdi. com. cn
吉林铁道勘察设计院有限公司	吉林市中兴街56号	www. tsdig. com
上海市城市建设设计研究院	上海市浦东新区东方路3447号城建设计大厦	www. sucdri. com
上海市隧道工程轨道交通设计研究院	上海市中山西路1999号	www. stedi. cn
上海市政工程设计研究总院	上海市杨浦区中山北二路901号	www. smedi. com
上海铁路城市轨道交通设计研究院	上海市天目中路291号	www. envir. gov. cn
深圳市市政设计研究院有限公司	深圳市笋岗西路3007号市政设计大厦	www. szmedi. com. cn
天津市市政工程设计研究总院	天津市滨海高新技术产业开发区海泰南道30号	www. tmedi. com. cn
中国建筑东北设计研究院有限公司	沈阳市和平区光荣街65号	www. cscecnei. com
中国铁路设计集团有限公司	天津市自贸试验区（空港经济区）东七道109号	www. tsdig. com
中国中铁二院工程集团有限责任公司	四川省成都市金牛区通锦路3号	www. creegc. com

续上表

单位名称	地　　址	网　　址
中交城市轨道交通设计研究院有限公司	湖北省武汉市经济技术开发区创业路 18 号	www. zjcsgdy. com
华设设计集团	南京市秦淮区紫云大道 9 号	www. cdg. com. cn
中铁二院工程集团有限责任公司	四川省成都市金牛区通锦路 3 号	www. creegc. com
中铁大桥勘测设计院集团有限公司	湖北省武汉经济技术开发区博学路 8 号（沌口院区）	www. brdi. com. cn
中铁第四勘察设计集团有限公司	湖北省武汉市武昌杨园和平大道 745 号	www. crfsdi. com. cn
中铁第五勘察设计院集团有限公司	北京市大兴区黄村镇康庄路 9 号	www. t5y. cn
中铁第一勘察设计院集团有限公司	西安西影路 2 号	www. fsdi. com. cn
中铁电气化勘测设计研究院有限公司	天津市河东区江都路 33 号	www. tjedi. com. cn
中铁工程设计咨询集团有限公司	北京市丰台区广安路 15 号	www. cec-cn. com. cn
中铁上海设计院集团有限公司	上海市共和新路 1265 号	www. sty. sh. cn
中铁隧道勘测设计研究院	天津市红桥区新红桥益福里	www. crtdi. com. cn
中铁西南科学研究院有限公司	四川省成都市高新西区古楠街 97 号	www. swi. com. cn

附录4　中国盾构工程监理单位

单位名称	地　址	网　址
北京地铁监理公司	北京市东城区苏州胡同61号院	
北京方达工程管理有限公司	北京市海淀区高粱桥斜街44号科技楼6层	
北京方圆工程监理有限公司	北京市海淀区复兴路34号	www.bjfyjl.com
北京国建工程监理公司	北京市海淀区增光路45号综合楼7层东侧	
北京华城建设监理有限责任公司	北京市海淀区学清路38号 金码大厦B座1207、1210、1211室	www.bjhcjl.com
北京建大京精大房工程 管理有限公司	北京市西城区展览馆路1号	www.jjdf.com.cn
北京磐石建设监理有限责任公司	北京市海淀区增光路北沙沟 市政写字楼4层401室	www.ps.bmrb.com.cn
北京赛瑞斯国际工程咨询有限公司	北京市丰台区海鹰路6号院5号楼	www.bjceris.com.cn
北京市高速公路监理有限公司	北京市海淀区厂西门路2号吉友大厦3002室	www.bjgsjl.com
北京双圆工程咨询监理有限公司	北京市海淀区中关村大街27号 中关村大厦10层	www.syjl.com
北京四方工程建设监理 有限责任公司	北京市海淀区西四环中路15号	
北京铁城建设监理有限责任公司	北京市复兴路40号	www.tcjl.com.cn
北京铁研建设监理有限责任公司	北京市大兴区金星路12号 奥宇科技英巢0709室	www.tyjl.cn
北京现代通号工程咨询有限公司	北京市丰台科技园区汽车博物馆南路 1号院B座二层B0201	www.thzx.crsc.cn
北京兴电国际工程管理有限公司	北京市海淀区首体南路9号 中国电工大厦7层01	www.xdgj.com
北京逸群工程咨询有限公司	北京市大兴区经济技术开发区 宏达中路甲12号	www.yqun.com.cn
北京致远工程建设监理 有限责任公司	北京市西城区复兴门北大街甲3号	
北京中铁诚业工程建设监理 有限公司	北京市丰台区航丰路13号崇新大厦405室	www.cy.zx.crec.cn
广东创成建设监理咨询有限公司	广州市水荫路2号恒鑫大厦西座10楼	

续上表

单位名称	地　　址	网　　址
广东工程建设监理有限公司	广州市越秀区白云路111-113号 白云大厦16楼	www. gdpm. com. cn
广东海外建设咨询有限公司	广州市天河区软件园建中路59号 柏朗奴大厦402房	www. gdhwjl. com
广东建科建设监理有限公司	广州市先烈东路121号大院内	www. gdjkjl. com
广东建设工程监理有限公司	广州市荔湾区流花路73号流花君庭3层	www. gdces. com
广东重工建设监理有限公司	广州市黄埔区科学城揽月路101号 保利中科广场A座7层	www. gdzgjl. com
广州轨道交通建设监理有限公司	广州市环市西路204号4号楼3楼	www. gzmtr. com/jlgs
广州市城市建设工程监理公司	广州市建设大马路10号珠江规划大厦22层	www. gz-cjjl. com
广州市东建工程建设监理有限公司	广州市越秀区东风中路507号东建大厦首层	
广州市房实建设工程监理有限公司	广州市六榕路3号2层	
广州市穗芳建设咨询监理有限公司	广州荔湾区花地大道中501号祺珍荟商务楼	
广州穗峰建设工程监理有限公司	广州市越秀区先烈中路83号	
广州珠江工程建设监理有限公司	广州市越秀区永泰路50号之一首层	www. zjjl. cn
广州筑正工程建设管理有限公司	广州市黄埔区水西路197号 萝岗敏捷广场D3栋17A层	www. truzem. com
上海天佑工程咨询有限公司	上海市杨浦区赤峰路65号同济科技园5楼	www. tyzx. sh. cn
石家庄铁源工程咨询有限公司	河北省石家庄市北二环东路17号	www. stygczx. com
四川铁科建设监理有限公司	成都市高新西区古楠街97号	www. sctkjl. com
铁科院(北京)工程咨询有限公司	北京市海淀区大柳树路2号	www. rails. cn/zixun
中铁第四勘察设计院集团有限公司	湖北省武汉市武昌杨园和平大道745号	www. crfsdi. com. cn
中铁二院(成都)咨询监理 有限责任公司	成都市金牛区天回镇 中铁轨道高科技产业园A6幢10层	www. zteyjl. com
中铁华铁工程设计集团有限公司	北京市丰台区丰台北路36号中铁华铁大厦	www. ztht. crec. cn
中通服项目管理咨询有限公司	长沙市芙蓉区隆平高科技园远大二路236号 天园通信技术研发基地研发楼12层	
中咨工程管理咨询有限公司	北京市海淀区车公庄西路25号中国咨询集团	www. zzjl. com. cn

图书在版编目(CIP)数据

中国盾构工程产品企业名录 / 北京盾构工程协会编 ；吴煊鹏主编. — 2 版. — 北京 ：人民交通出版社股份有限公司，2020.10

ISBN 978-7-114-16896-3

Ⅰ. ①中… Ⅱ. ①北… ②吴… Ⅲ. ①盾构—机械工业—中国—名录 Ⅳ. ①F426.42-62

中国版本图书馆 CIP 数据核字(2020)第 196455 号

Zhongguo Dungou Gongcheng Chanpin Qiye Minglu

书　　名：中国盾构工程产品企业名录(第 2 版)
著 作 者：北京盾构工程协会　吴煊鹏
责任编辑：刘彩云　李　梦
责任校对：孙国靖　魏佳宁
责任印制：刘高彤
出版发行：人民交通出版社股份有限公司
地　　址：(100011)北京市朝阳区安定门外外馆斜街 3 号
网　　址：http://www.ccpcl.com.cn
销售电话：(010)59757973
总 经 销：人民交通出版社股份有限公司发行部
经　　销：各地新华书店
印　　刷：北京市密东印刷有限公司
开　　本：889 × 1194　1/16
印　　张：5.5
插　　页：10
字　　数：96 千
版　　次：2018 年 5 月　第 1 版
　　　　　2020 年 10 月　第 2 版
印　　次：2020 年 10 月　第 2 版　第 1 次印刷　总第 2 次印刷
书　　号：ISBN 978-7-114-16896-3
定　　价：198.00 元